Les Répertoires

Böhning

des Huiles Essentielles

Nomenclature (noms)
moderne
et complète
pour l'aromathérapie

Marc Ivo Böhning

aromarc

L'emploi éventuel des huiles essentielles est de la totale responsabilité du lecteur et il lui incombe de se former correctement à leur utilisation. Cet ouvrage ne couvre pas la thérapeutique et par conséquent n'engage la responsabilité ni de l'auteur ni de l'éditeur quant à un emploi imparfait des huiles essentielles et de l'aromathérapie.

Remerciements

Nadine Roh, Dominique Blanchard, Coeurinne Martin, François Laratta, Patrick Theillère, Gaël Vittoz et Nicole Vuadens.

© 2019, Marc Ivo Böhning

Éditions Aromarc,
Avenue Taillecou 20, 1162 Saint-Prex, Suisse
Impression : BoD - Books on Demand, Nordestedt, Allemagne

ISBN : 978-2-8399-2624-9

Dépôt légal : avril 2019

Index

Introduction

Bienvenu(e) dans ce recueil de répertoires. Vous avez entre les mains un outil fait sur mesure pour l'aromathérapeute moderne. En effet l'aromathérapie est en pleine croissance. Une croissance qui semble inversement proportionnelle à la capacité des distributeurs à nous fournir des noms corrects.

Ceci se répercute dans les ouvrages dont ils sont parfois des sponsors peu regardants au lieu de jouer leur rôle en poussant à l'excellence et à la précision. Voici donc la raison d'être de cet ouvrage. Il s'agit probablement du recueil le plus complet disponible à ce jour.

Ce recueil permet de pouvoir choisir la bonne plante selon son nom et de traduire correctement pour rédiger ou pour préparer une prescription. Sans avoir la prétention d'être un livre de botanique, il est conçu pour suivre le marché actuel et comprendre les noms qui figurent sur les fioles ou dans les recettes glanées dans les livres ou sur internet.

Il n'est pas un livre de poésie aromatique ou un recueil photographique. Sa lecture vaut probablement la prise de toutes les huiles essentielles sédatives réunies, j'en suis conscient. Il est conçu comme un outil de référence et c'est ce qu'il est.

Que votre exemplaire prenne des taches et des annotations, reçoive des marque-pages, soit écorné et vive à vos côtés sur votre table de consultation ou sur le comptoir de votre pharmacie pour être employé fréquemment !

Au bonheur de peut-être pouvoir vous rendre le temps de vous promener parmi les plantes grâce au temps gagné par ces répertoires, je vous souhaite une bonne aromathérapie,

Marc Ivo Böhning ("Aromarc")

Tableau de conversion pour les huiles essentielles

Attention pour ce tableau : il s'agit d'une vulgarisation qui ne tient compte ni de la spécificité de chaque huile, ni de celle de chaque compte-gouttes. Il sert à lire plus aisément des données brutes en sachant que ce sont des approximations pour des ordres de grandeur. Mais comme en médecine toute dose exacte est inexacte par nature... osons ce raccourci...

Pour l'ordre de grandeur seulement, donc (pas pour l'emploi pratique en pharmacie) :

	gouttes	millilitres	milligrammes	grammes
1 goutte	1	0,025-0,05	< 25 - 50	< 0,025 - 0,05
1 millilitre	20-40	1	< 1000	< 1
1 milligramme	> 0,2 - 0,4	> 0,001	1	0,001
1 gramme	> 20 - 40	> 1	1000	1

1 goutte	de pipette pasteur en verre	=~10 mg (d'eau STP)
	de compte-goutte officinal	=~20 mg
	compte-goutte de flacon HE	=~40mg

Pour mieux comprendre l'approximation inévitable du tableau précédent :

1 litre de	en kilogrammes
eau à 20°C, altitude 0 et à 1 atm	1
HE de	
Cyprès toujours vert	0,85
Hysope couchée	0,90
Myrte à 1,8-cinéole	0,90
Inule odorante	0,96
Acorus calamus asaroniferum	1,084
Cinnamomum cassia	1,085
Betula alleghaniensis	1,250

En pharmacie (au royaume des gens précis), on emploie des méthodes diverses dont, dans l'ordre décroissant de précision : la pesée en milligrammes (balance de précision), le volume (pour ceci, il y a des pipettes de 0,1 ml à volume variable, gradation de précision de 0,0015 !!!) et la goutte (compte-gouttes capillaire officinal, pas celui du flacon).

Tableaux pour la préparation des prescriptions

Voici des tableaux pour vous aider à préparer vos mélanges. Que ce soient des mélanges cosmétiques, ménagers ou thérapeutiques. Ils vous permettront de trouver une équivalence approximative en fraction, en millilitres ou en gouttes de chaque pourcentage utile.

En effet, pour de nombreuses contenances de préparation (5 ml, 10ml... 250ml), vous trouverez ce qu'il vous faut pour n'avoir pas besoin de faire des calculs complexes.

Il s'agit évidemment d'une approximation pour la préparation "maison". Pour des réalisations de prescriptions en pharmacie, il convient de calculer plus précisément les proportions afin de respecter ce que le naturopathe, le médecin ou l'aromathérapeute souhaitent pour leur patient. Chaque huile essentielle montre une densité et une viscosité différentes et chaque compte-goutte donne des tailles de gouttes différentes également. De plus, la température, la pression et d'autres facteurs jouent également un rôle sur la taille de la goutte.

Pour un pharmacien, ce document permet cependant de vérifier par ordre de grandeur que les calculs soient à peu près justes, histoire de ne pas s'être lourdement trompé.

Dans une flacon de	Dilution (pourcentage)	Dilution (fraction)	HV (ml) ou Excipient (ml)	HE (ml)	HE (gouttes) Selon compte-gouttes
Contenance Du TOTAL	Pourcentage auquel vous souhaitez diluer votre HE	Proportion de votre HE	Quantité de tout le "reste" à part votre HE choisie	Quantité de votre HE choisie (en millilitres)	Quantité de votre HE choisie (en gouttes) Ceci est une APPROXIMATION

Dans une flacon de	Dilution (pourcentage)	Dilution (fraction)	HV (ml) ou Excipient (ml)	HE (ml)	HE (gouttes) Selon compte-gouttes
5 ml = 1 cuillère à café = 1 cuillère à thé	1%	1/100	4.95	0.05	1-2
	2%	1/50	4.9	0.1	2-4
	5%	1/20	4.75	0.25	5-10
	10%	1/10	4.5	0.5	10-20
	20%	1/5	4	1	20-40
	25%	1/4	3.75	1.25	25-50
	30%	3/10	3.5	1.5	30-60
	33%	1/3	3.35	1.65	33-66
	35%	7/20	3.25	1.75	35-70
	40%	4/10	3	2	40-80
	45%	9/20	2.75	2.25	45-90
	50%	1/2	2.5	2.5	50-100
	60%	6/10	2	3	60-120
	70%	7/10	1.5	3.5	70-140
	80%	8/10	1	4	80-160
	90%	9/10	0.5	4.5	90-180
	100%	1	0	5	100-200

Dans une flacon de	Dilution (pourcentage)	Dilution (fraction)	HV (ml) ou Excipient (ml)	HE (ml)	HE (gouttes) Selon compte-gouttes
10 ml = 1 cuillère à dessert	1%	1/100	9.9	0.1	2-4
	2%	1/50	9.8	0.2	4-8
	5%	1/20	9.5	0.5	10-20
	10%	1/10	9	1	20-40
	20%	1/5	8	2	40-80
	25%	1/4	7.5	2.5	50-100
	30%	3/10	7	3	60-120
	33%	1/3	6.7	3.3	66-132
	35%	7/20	6.5	3.5	70-140
	40%	4/10	6	4	80-160
	45%	9/20	5.5	4.5	90-180
	50%	1/2	5	5	100-200
	60%	6/10	4	6	120-240
	70%	7/10	3	7	140-280
	80%	8/10	2	8	160-320
	90%	9/10	1	9	180-360
	100%	1	0	10	200-400

Dans une flacon de	Dilution (pourcentage)	Dilution (fraction)	HV (ml) ou Excipient (ml)	HE (ml)	HE (gouttes) Selon compte-gouttes
20 ml = 2 cuillères à dessert	1%	1/100	19.8	0.2	4-8
	2%	1/50	19.6	0.4	8-16
	5%	1/20	19	1	20-40
	10%	1/10	18	2	40-80
	20%	1/5	16	4	80-160
	25%	1/4	15	5	100-200
	30%	3/10	14	6	120-240
	33%	1/3	13.4	6.6	132-264
	35%	7/20	13	7	140-280
	40%	4/10	12	8	160-320
	45%	9/20	11	9	180-360
	50%	1/2	10	10	200-400
	60%	6/10	8	12	240-480
	70%	7/10	6	14	280-560
	80%	8/10	4	16	320-640
	90%	9/10	2	18	360-720
	100%	1	0	20	400-800

Dans une flacon de	Dilution (pourcentage)	Dilution (fraction)	HV (ml) ou Excipient (ml)	HE (ml)	HE (gouttes) Selon compte-gouttes
30 ml = 2 cuillères à soupe	1%	1/100	29.7	0.3	6-12
	2%	1/50	29.4	0.6	12-24
	5%	1/20	28.5	1.5	30-60
	10%	1/10	27	3	60-120
	20%	1/5	24	6	120-240
	25%	1/4	22.5	7.5	150-300
	30%	3/10	21	9	180-360
	33%	1/3	20	10	200-400
	35%	7/20	19.5	10.5	210-420
	40%	4/10	18	12	240-80
	45%	9/20	16.5	13.5	270-520
	50%	1/2	15	15	300-600
	60%	6/10	12	18	360-720
	70%	7/10	9	21	420-840
	80%	8/10	6	24	480-960
	90%	9/10	3	27	510-1020
	100%	1	0	30	600-1200

Dans une flacon de	Dilution (pourcentage)	Dilution (fraction)	HV (ml) ou Excipient (ml)	HE (ml)	HE (gouttes) Selon compte-gouttes
50 ml = 10 cuillères à café	1%	1/100	49.5	0.5	10-20
	2%	1/50	49	1	20-40
	5%	1/20	47.5	2.5	50-100
	10%	1/10	45	5	100-200
	20%	1/5	40	10	200-400
	25%	1/4	37.5	12.5	250-500
	30%	3/10	35	15	300-600
	33%	1/3	33.5	16.5	333-666
	35%	7/20	32.5	17.5	350-700
	40%	4/10	30	20	400-800
	45%	9/20	27.5	22.5	450-900
	50%	1/2	25	25	500-1000
	60%	6/10	20	30	600-1200
	70%	7/10	15	35	700-1400
	80%	8/10	10	40	800-1600
	90%	9/10	5	45	900-1800
	100%	1	0	50	1000-2000

Dans une flacon de	Dilution (pourcentage)	Dilution (fraction)	HV (ml) ou Excipient (ml)	HE (ml)	HE (gouttes) Selon compte-gouttes
100 ml = 10 cuillères à dessert	1%	1/100	99	1	20-40
	2%	1/50	98	2	40-80
	5%	1/20	95	5	100-200
	10%	1/10	90	10	200-400
	20%	1/5	80	20	400-800
	25%	1/4	75	2	500-1000
	30%	3/10	70	30	600-1200
	33%	1/3	67	33	666-1332
	35%	7/20	65	35	700-1400
	40%	4/10	60	40	800-1600
	45%	9/20	55	45	900-1800
	50%	1/2	50	50	1000-2000
	60%	6/10	40	60	1200-2400
	70%	7/10	30	70	1400-2800
	80%	8/10	20	80	1600-3200
	90%	9/10	10	90	1800-3600
	100%	1	0	100	2000-4000

Les Répertoires Böhning des huiles essentielles   Marc Ivo Böhning

Dans une flacon de	Dilution (pourcentage)	Dilution (fraction)	HV (ml) ou Excipient (ml)	HE (ml)	HE (gouttes) Selon compte-gouttes
200 ml = 20 cuillères à dessert	1%	1/100	198	2	40-80
	2%	1/50	196	4	80-160
	5%	1/20	190	10	200-400
	10%	1/10	180	20	400-800
	20%	1/5	160	40	800-1600
	25%	1/4	150	50	1000-2000
	30%	3/10	140	60	1200-2400
	33%	1/3	134	66	1332-2664
	35%	7/20	130	70	1400-2800
	40%	4/10	120	80	1600-3200
	45%	9/20	110	90	1800-3600
	50%	1/2	100	100	2000-4000
	60%	6/10	80	120	2400-4800
	70%	7/10	60	140	2800-5600
	80%	8/10	40	160	3200-6400
	90%	9/10	20	180	3600-7200
	100%	1	0	200	4000-8000

Dans une flacon de	Dilution (pourcentage)	Dilution (fraction)	HV (ml) ou Excipient (ml)	HE (ml)	HE (gouttes) Selon compte-gouttes
250 ml = 1 tasse	1%	1/100	247.5	2.5	50-100
	2%	1/50	245	5	100-200
	5%	1/20	237.5	12.5	250-500
	10%	1/10	225	25	500-1000
	20%	1/5	200	50	1000-2000
	25%	1/4	187.5	62.5	1250-1500
	30%	3/10	175	75	1500-3000
	33%	1/3	167.5	82.5	1650-3300
	35%	7/20	162.5	87.5	1750-3500
	40%	4/10	150	100	2000-4000
	45%	9/20	137.5	112.5	2250-4500
	50%	1/2	125	125	2500-5000
	60%	6/10	100	150	3000-6000
	70%	7/10	75	175	3500-7000
	80%	8/10	50	200	4000-8000
	90%	9/10	25	225	4500-9000
	100%	1	0	250	5000-10000

La nomenclature pour l'aromathérapie

Nomenclature binomiale

Autant en latin qu'en français, une nomenclature binomiale est non seulement correcte et légale, mais à tout point de vue indispensable (et la seule scientifiquement acceptable). Certaines plantes exotiques échappent à cette règle car elles ont été nommées alors que leurs familles n'avaient pas encore été définies.

Il s'agit de nommer une plante d'après son genre et son espèce. Les plantes appartiennent à un règne, une division, une classe, un ordre, une famille, un genre, puis une espèce. Ensuite peuvent se greffer à cela des sous-espèces, des cultivars, des variétés etc. En aromathérapie, la nomenclature binomiale (telle que ses fondements ont été établis par Jean Bauhin puis Joseph Pitton de Tournefort et Carl von Linné) est indispensable.

C'est un peu comme la façon dont nous autres humains, nous nommons les uns les autres par notre prénom et notre nom de famille. Dès que le groupe devient un peu grand et hétéroclite, le nom de famille est indispensable pour éviter l'erreur. Dès que le groupe comprend des individus similaires, c'est le prénom qui est indispensable pour éviter l'erreur.

Il est extrêmement important d'avoir une nomenclature juste... sinon la fausse plante est prescrite ou délivrée. Dès lors, il peut soit y avoir un fort problématique effet secondaire ou une contre-indication, soit un défaut d'indication. Ceci est tout aussi grave ; il s'agit d'une plante qui ne fait pas la même chose que celle que l'on croyait avoir choisi. Imaginons quelqu'un qui ne guérisse pas d'une affection grave. Ou même quelqu'un ne guérissant pas d'une affection bénigne mais devant prendre alors des antibiotiques ou manquant trop de travail ou des contrats importants ou perdant totalement confiance en la médecine naturelle. Ce serait dommage.

Une nomenclature irréprochable est indispensable et choisir des huiles essentielles sans, par exemple, le nom latin écrit sur les fioles serait une bêtise. Même si on sait de quelle huile il s'agit, cela encourage un vendeur peu scrupuleux et probablement frauduleux.

Pourquoi tant de confusions possibles ?

Il est parfois ennuyeux d'être précis et il est encore plus rébarbatif de changer la nomenclature que l'on connaît, que l'on a apprise ou dont on a pris l'habitude pour faire juste ou surtout pour s'adapter à des noms modernes. Mais comprenons pourquoi tant de noms sont faux sur les étiquettes et dans les livres.

Il y a plusieurs raisons à cela.

La première est simple. Une plante ne pousse pas que dans le jardin d'un botaniste. Elle pousse souvent dans un continent entier, voire sur plusieurs. Du coup, elle s'est vue donner des noms différents selon les régions. Comme la Sauge sclarée qui s'appelle aussi l'Orvale, la Toute-bonne ou l'Herbe aux plaies. Et c'est la même chose pour les noms latins. Des botanistes de différents pays ont nommé et classifié les plantes différemment. Maintenant encore, nous avons différents systèmes de classifications des plantes et donc différents noms. En plus de l'héritage historique qui est parfois lourd. Par exemple, le Chêne pédonculé a 314 synonymes latins et la simple Pâquerette 29 ! (Luna Shyr, National geographic juin 2011.)

La deuxième raison est l'inverse. Plusieurs plantes différentes peuvent porter le même nom. Pourquoi ? Pour les mêmes raisons : elles ont été nommées dans des régions différentes et l'usage a souvent gravé leurs noms dans le marbre.

Une des synonymies les plus connues est sans doute l'Herbe de la Saint-Jean, comme l'a fait remarquer Georges Brassens dans « Une jolie fleur dans une peau d'vache ». Il y a 6 plantes qui portent ce nom, dont 3 plantes aromatifères qui intéressent donc l'aromathérapie. D'abord le Lierre grimpant, la Coronille bigarrée et l'Orpin reprise, puis nos 3 aromatifères : l'Achillée millefeuille, l'Armoise vulgaire et le Millepertuis perforé. Pour le plaisir, l'Achillée millefeuille est aussi appelée Herbe de Saint-Joseph, ce qui (en plus d'être proche) est aussi un nom partagé avec plusieurs autres plantes, mais différent de l'Herbe de Joseph qui est l'Hysope, plante pour laquelle le nom d'Herbe de Joseph doit être décliné pour suivre la nomenclature binomiale qui différencie l'Hysope couchée de l'Hysope officinale.

La troisième raison est de faire appartenir une plante à la bonne famille. En effet au sein d'une famille botanique, il y a des traits communs au niveau botanique et parfois au niveau thérapeutique. Et cela mène directement à des erreurs de prescription et à des dangers. Prenons un exemple.

L'Epicéa bleu se fait appeler Sapin bleu. Il n'est pourtant pas un Sapin, loin de là. Ses cônes sont tombants, ses feuilles sont pointues et de section losangée etc. Il est donc un Epicéa. Les Sapins produisent des huiles essentielles exemptes de toute contre-indication que l'on peut prescrire à des bébés, des femmes enceintes ou des personnes épileptiques notamment. Ce qui n'est pas le cas des Epicéas. Et l'Epicea bleu, justement, est légèrement neurotoxique à cause de la présence d'une bonne proportion de bornéone dans son huile essentielle (une cétone monoterpénique neurotoxique lysant la gaine de myéline des neurones).

De la même manière, la Baie rose se fait appeler Poivre rose. La Perovskia à feuille d'arroche se fait appeler Sauge russe. La Backhousie citronnée se fait appeler Myrte citronné. Et vous constaterez dans le répertoire que la même chose se répète beaucoup trop souvent.

La quatrième raison est la plus désolante. C'est la paresse et l'incompétence d'un bon nombre de distributeurs. Et malheureusement parfois parmi les plus importants en termes de chiffre d'affaire. Combien de fois voit-on les Ravensare et Ravintsare confondus ? Combien de fois la Tanaisie annuelle s'est-elle fait massacrer son nom et appeler Camomille bleue ou d'autres bêtises dans ce genre ? Ça, c'est de l'erreur évitable facilement. Ces répertoires vous aideront à vous en sortir... voire à corriger vos distributeurs !

Partie de la plante

Au nom de l'espèce, on rajoute toujours le nom de la partie distillée, cela est non seulement nécessaire (sécurité !) mais obligatoire sur l'étiquetage. On a donc :

Écorce :	cortex
Feuilles :	foliae
Bois :	lignum
Fleurs :	florae ou floris
Fruits :	fructis
Radix :	racines

Graines, akènes, baies sont des organes reproducteurs à maturité et sont couverts par l'appellation « fruits », c'est-à-dire « fructis » en latin.

"Internymes" et suffixes

"ssp" veut dire "subspecies", c'est-à-dire "sous-espèce"

"spp" veut dire "toutes sous-espèces confondues"

"var" veut dire "variété"

"cv" veut dire "cultivar" (une variété, mais faite par l'homme : sélection naturelle ou OGM)

"CT" ou "à" ou "chémotype" définit la molécule principale de la plante lorsque celle-ci peut varier beaucoup ou niveau de sa chimie (voir ci-dessous)

"sup" et "extra-sup" ne sont absolument pas des gages de qualité mais des appellations un peu trompeuses : ce sont les fractions supérieures du distillat ; en d'autres termes cela veut dire que ce sont des huiles essentielles incomplètes mais plus fluides et plus rentables.

Chémotypes

Au nom de l'espèce, on rajoute souvent le nom du chémotype (ceci *doit* se faire quand il y a lieu). Ceci se note en français avec "à" ou CT et le nom de la molécule (ex : Thym vulgaire à linalol ou Thym vulgaire CT linalol).

En latin, on met le nom de la molécule avec le suffixe "iferum" au masculin ou "ifera" au féminin (ex : Thymus vulgaris linaloliferum). Il est cependant communément accepté d'utiliser, comme en français, le suffixe CT suivi du nom de la molécule (Thymus vulgaris CT linalol).

Les clarifications et les nouveautés relatives aux plantes les plus médiatisées

L'ancien **Lédon du Groenland** est devenu le **Rhododendron du Groenland**. Eh oui, c'en est un. Merci aux clarifications génétiques récentes sur une plante mal classée parce qu'on avait oublié de la comparer à la bonne famille. Géographie et traditions donnent lieu à des noms qui extirpent parfois les plantes de leurs familles. Retrouvailles donc !

L'ancienne **Inule odorante** est devenue la **Dittriche odorante**. Elle a été botaniquement séparée de l'Inule grecque (= Aunée officinale). Ce qui tombe bien puisqu'elles ne présentent pas du tout les mêmes effets secondaires potentiels. Ainsi, la peur des aromathérapeutes de prescrire la Dittriche odorante par assimilation avec l'Inule grecque s'estompera avec le temps.

Le **Fragonia**® est en fait un cultivar, une marque protégée. Il s'agit d'un nom commercial donné pour des raisons de marketing à une plante qui s'appelle véritablement **Taxandria fragrant** en français. Fragonia est en fait un nom déjà donné à une autre plante ; c'est un des noms latins acceptés du Fragaria vesca (Fraisier des bois).

Appelés **Géraniums** à tort, les **Pélargoniums** sont passés dans le langage courant par l'entremise de nos balcons mais la plante est d'un tout autre continent (Afrique du Sud) que les Géraniums trouvés en Europe. Aucun problème sauf si ce n'est que la pauvre est mal nommée et n'aime peut-être pas ça mais surtout qu'il s'agit de plantes médicinales et donc à ne pas confondre. On pourrait très bien faire le petit effort de les flaconner et d'écrire leurs descriptions avec leurs noms corrects, le public s'y retrouvera bien vite.

Chez les **Pélargoniums** encore (anciennement appelés Géraniums) : **Rosat** ne veut rien dire ni botaniquement, ni chimiquement ni géographiquement ni olfactivement. Et le mot **Bourbon** tient seulement à la provenance de l'île de la Réunion.
- Géraniums : 1 à 2 fleurs par capitule.
- Pélargoniums : plus de 2 fleurs par capitule.
Ceci vous les rendra faciles à reconnaître.

Histoire étrange que celle de la **Tanaisie annuelle** qui est devenue chez quelques producteurs une **Camomille** bleue. Il n'y a que sa couleur pour justifier cela. Si elle fait partie de la même très vaste famille botanique (astéracées), c'est au sein de sous-familles bien distinctes : elle n'est pas plus proche de la Camomille que du Tournesol. *Voir le document ad hoc dans les documents de nomenclature spécifique.*

La **Cannelle de Ceylan** a la bien étrange et fréquente propension à prendre ses deux noms botaniques (ancien et nouveau) chez un même distributeur sur deux fioles différentes. Un nom quand il s'agit d'écorce et l'autre quand il s'agit des feuilles. Si nous considérions toutefois que le public n'est pas idiot, nous le confondrions moins. C'est en voulant l'aider et le protéger pour lui signifier que les deux extraits sont différents qu'on lui met le plus de confusion dans la tête car il entend toujours quelque chose de juste (la synonymie) et peut en perdre confiance. Cinnamomum verum et Cinnamomum zeylanicum sont parfaitement synonymes. Les deux sont la Cannelle de Ceylan, que ce soit les feuilles ou l'écorce. Il s'agit juste d'écrire Cannelle de Ceylan écorce (Cinnamomum verum cortex) ou Cannelle de Ceylan feuilles (Cinnamomum verum foliae).

Ravensare et **Ravintsare** ou **Agatophylle** et **Camphrier** : toute une histoire d'imbroglios pour un micmac de nomenclature entremêlée. Des travaux récents ont pu offrir une nomenclature simple, après la mise en évidence et en lumière de leurs identités propres et distinctes. Ce qui devrait tout rétablir. On a seulement à nous y mettre, mais on se doit de le faire, cela devient urgent. *Voir le document ad hoc dans les documents de nomenclature spécifique à la fin de ce livre.*

La **Myrrhe molmol** et la **Myrrhe classique** sont souvent confondues. C'est compréhensible car une position claire et unanime n'a pas encore été prise au niveau botanique. Mais les deux huiles essentielles sont clairement différentes, il n'y a pas de doute. La première est transparente, fluide et sent un mélange Conifères / Limette / bonbon au cola. La deuxième est brune, visqueuse et sent l'église orthodoxe. *Voir le document ad hoc dans les documents de nomenclature spécifique à la fin de ce livre.*

Les **Piments**, le **Quatre-épices** et le **Bay Saint-Thomas** sont confondus de fort belle manière. Seule la provenance nous permet en fait de savoir à quelle plante on a affaire. En effet, les noms latins sont trop souvent injustement targués de synonymie ou tout simplement confondus. *Voir le document ad hoc dans les documents de nomenclature spécifique à la fin de ce livre.*

Nigelles, **Carvi** et **Cumins** ont droit à leur petite salade de nomenclature aussi. Des renonculacées (les Nigelles) et des ombellifères (les Cumins et le Carvi) qui se voient tous mis à la sauce-cumin. Les goûts ne se marient pourtant pas si bien, même si tous sont délicieux. Arrêtons notamment avec le nom de Cumin noir attribué à tort à une Nigelle alors qu'un vrai Cumin noir existe : ce dernier nous en sera reconnaissant. *Voir le document ad hoc dans les documents de nomenclature spécifique à la fin de ce livre.*

La **Lime** n'est pas la **Limette**. Donc le Citron vert n'est pas la Limette puisqu'il est la Lime. Citrus aurantifolia sera toujours la Lime, Citrus limetta sera toujours la Limette. Alors corrigeons les fioles. *Voir le document ad hoc dans les documents de nomenclature spécifique à la fin de ce livre.*

Il se passe la même chose au niveau des noms en latin. Déjà pour la plupart des plantes ci-dessus. Mais aussi pour d'autres plantes dont le nom français n'a pas changé et pour lesquelles il n'y a pas forcément de confusion. Juste une évolution. C'est le cas du **Girofle** par exemple. Autrefois appelé Eugenia caryophylla, il s'appelle maintenant Syzygium aromaticum.

Les tableaux généraux et les tableaux spécifiques vous aideront à tout clarifier pour celles-ci et pour des centaines d'autres plantes. À nous de tous être irréprochables et... d'être avant-gardistes ensemble car l'avant-gardisme serait malheureusement la justesse.

Répertoire de nomenclature d'aromathérapie par noms latins

Nom latin	Noms latins synonymes	Noms français (vernaculaires)
abelmoschus moschatus	bamia abelmoschus hibiscus abelmoschus hibiscus moschatus	ambrette ketmie musquée musc végétal graine de musc gombo musqué
abies alba	abies pectinata	sapin pectiné sapin blanc sapin argenté sapin commun
abies balsamea	abies balsamifera abies hudsonia	sapin baumier baume du Canada (nom de la résine)
abies balsamifera	renvoi vers abies balsamea	
abies caucasia	renvoi vers abies nordmanniana	
abies excelsior	renvoi vers abies grandis	
abies grandis	abies excelsior	sapin géant sapin de Vancouver grand sapin
abies hudsonia	renvoi vers abies balsamea	
abies nephrolepsis ssp sachalinensis	renvoi vers abies sachalinensis	
abies nordmanniana	abies caucasia	sapin de Nordmann sapin du Caucase
abies pectinata	renvoi vers abies alba	
abies sachalinensis	abies nephrolepsis ssp sachalinensis	sapin de Sakhaline todo
abies sibirica		sapin de Sibérie
abies spectabilis	abies webbiana	sapin de Webb sapin respectable sapin de l'Himalaya
abies webbiana	renvoi vers abies spectabilis	
acacia catechu		acacia à cachou cachoutier
acacia dealbata	acacia decurrens var dealbata mimosa decurrens	mimosa des fleuristes mimosa argenté acacia Bernier mimosa d'hiver mimosa (nom insuffisant)
acacia decurrens		acacia noir
acacia farnesiana		cassie ancienne popinac
acacia senegal		acacia à gomme gomme arabique gomme Sénégal gommier blanc (nom faux)
achillea erba-rotta ssp moschata	renvoi vers achillea moschata	
achillea lanulosa	renvoi vers achillea millefolium	
achillea ligustica		achillée de Ligurie
achillea millefolium	achillea lanulosa achillea subhirsuta millefolium officinale	achillée millefeuille millefeuille herbe de Saint-Jean (nom partagé) herbe aux coupures herbe au charpentier herbe au cocher herbe aux chats (nom partagé) herbe aux militaires

		herbe de Saint-Joseph (nom partagé)
		sourcil de Vénus
		herbe à dinde
		saigne-nez
achillea moschata	achillea erba-rotta ssp moschata	achillée musquée
achillea subhirsuta	renvoi vers achillea millefolium	
acinos nepeta	calamintha nepeta	calament népéta
acinos officinalis	calamintha officinalis	calament officinal
acorus calamus		acore roseau
		acore vrai
		roseau odorant
		acore aromatique
		acore odorant
aframomum angustifolium	amomum angustifolium	amome de Madagascar
	amomum danielli (synonymie incertaine)	longozakely
		petit longoze
		longozo (nom confusif avec hedychium flavum)
		maniguette fine (nom erroné)
aframomum granum-paradisi	renvoi vers amomum granum-paradisi	
aframomum meleguetta	renvoi vers amomum meleguetta	
agaricus campester		agaric
agathosma betulina	barosma betulina	buchu à feuilles rondes
	hartogia betulina	bucco à feuilles rondes
		bookoo
		diosma
agathosma crenulata		buchu à feuilles ovales
		buchu crenelé
		bucco crénelé
agatophyllum aromatica cortex	ravensara anisata (nom faux)	agatophylle aromatique écorce
	ravensara aromatica cortex	ravensare aromatique vrai écorce
		havozo écorce
		muscade de Madagascar écorce
		noix de girolfe écorce
		ravensare anisé (nom faux)
agatophyllum aromatica foliae	ravensara aromatica foliae	agatophylle aromatique feuilles
		ravensare aromatique vrai feuilles
		havozo feuilles
		muscade de Madagascar feuilles
		noix de girofle feuilles
agave polianthes	renvoi vers polianthes tuberosa	
agave tuberosa	renvoi vers polianthes tuberosa	
agonis fragrans	renvoi vers taxandria fragrans	
allium ampeloprasum var porrum	allium laetum	poireau
	allium porrum	porreau
	porrum commune	poirette
	porrum sativum	asperge du pauvre (nom confusif)
allium ascalonicum	renvoi vers allium cepa var aggregatum	
allium bakeri	renvoi vers allium fistulosum	
allium bouddhae	renvoi vers allium fistulosum	
allium cepa	porrum cepa	oignon
		ognon
allium cepa var aggregatum	allium ascalonicum	échalote
	allium hierochuntinum	
	allium cepiforme	
allium cepiforme	renvoi vers allium cepa var aggregatum	
allium fistulosum	allium bakeri	ciboule
	allium bouddhae	cive
	porrum fistulosum	

allium hierochuntinum	renvoi vers allium cepa var aggregatum	
allium laetum	renvoi vers allium ampeloprasum var porrum	
allium montanum	renvoi vers allium schoenoprasum	
allium pekinense	renvoi vers allium sativum	
allium porrum	renvoi vers allium ampeloprasum var porrum	
allium sativum	allium pekinense	ail chapon perdrix thériaque des paysans
allium schoenoprasum	allium montanum allium sibiricum	ciboulette brelette ail civette brûlotte sauvage
allium sibiricum	renvoi vers allium schoenoprasum	
aloysia triphyllia	renvoi vers lippia citriodora	
alpinia cardamomum	renvoi vers elettaria cardamomum	
alpinia fluviatilis	renvoi vers alpinia zerumbet	
alpinia galanga	amomum galanga languas galanga languas vulgare maranta galanga	galanga des Indes grand galanga
alpinia officinarum	languas officinarum	galanga de Chine petit galanga
alpinia shumanniana	renvoi vers alpinia zerumbet	
alpinia speciosa	renvoi vers alpinia zerumbet	
alpinia zerumbet	alpinia fluviatilis alpinia shumanniana alpinia speciosa costus zerumbet languas schumanniana languas speciosa zerumbet speciosum	larmes de la vierge gingembre coquille (nom confusif) fleur du paradis (nom confusif) fleur de mon âme longose (nom faux) zerumbet (nom confusif)
amacarus dictamnus	renvoi vers dictamnus creticus	
ambrina ambrosioides	renvoi vers dysphania ambrosioides	
ambrina parvula	renvoi vers dysphania ambrosioides	
ambrina spathulata	renvoi vers dysphania ambrosioides	
ammi visnaga		khella herbe aux cure-dents ammi visnage
amomum angustifolium	renvoi vers aframomum angustifolium	
amomum aromaticum	renvoi vers amomum subulatum	
amomum cardamomum	renvoi vers elettaria cardamomum	
amomum costatum		cardamome blanche (nom partagé) cardamome noire (nom partagé)
amomum curcuma	renvoi vers curcuma longa	
amomum danielli	renvoi vers aframomum angustifolium	
amomum elettaria	renvoi vers elettaria cardamomum	
amomum galanga	renvoi vers alpinia galanga	
amomum granum-paradisi	aframomum granum-paradisi	graines de paradis
amomum meleguetta	aframomum meleguetta	maniguette malaguette poivre du paradis (nom confusif) poivre de guinée (nom faux : xylopia aethiopica) graines de paradis (nom faux : amomum granum-paradisi = aframomum granum-paradisi)
amomum racemosum	renvoi vers elettaria cardamomum	

amomum repens	renvoi vers elettaria cardamomum	
amomum subulatum	amomum aromaticum (parfois classé en tant que sous-espèce)	cardamome brune
	elettaria cardamomum var major	cardamome noire (nom partagé) grande cardamome cardamome du Bengale cardamome du Népal cardamome blanche (nom partagé)
amomum villosum		cardamome médicinale
amomum zedoaria	renvoi vers curcuma zedoaria	
amygdalus communis var amara	renvoi vers prunus dulcis var amara	
amygdalus sativa	renvoi vers prunus dulcis var amara	
amyris balsamifera	schimmelia oleifera (nom faux)	amyris amyris baumier baumier amyris santal des Indes occidentales (nom faux)
amyris plumieri		yucatan-élémi
anatherum zizanoides	renvoi vers chrysopogon zizanoides	
andropogon citratus	renvoi vers cymbopogon citratus	
andropogon collinus	renvoi vers hyparrhenia hirta subsp hirta	
andropogon distachyos var hirtus	renvoi vers hyparrhenia hirta subsp hirta	
andropogon giganteus	renvoi vers hyparrhenia hirta subsp hirta	
andropogon muricatus	renvoi vers chrysopogon zizanoides	
andropogon nardus	renvoi vers cymbopogon nardus	
andropogon winterianus	renvoi vers cymbopogon winterianus	
anethum graveolens	peucedanum graveolens	aneth odorant fenouil bâtard (nom faux) persil des marais (nom faux) dill
anethum sowa	ferula marathrophylla peucedanum sowa	aneth des Indes
angelica acutiloba		angélique à lobes aigus angélique du Japon
angelica anomala	renvoi vers angelica sinensis	
angelica archangelica	angelica officinalis	angélique archangélique angélique des jardins angélique officinale herbe aux anges herbe du Saint-Esprit
angelica atropurpurea		angélique américaine
angelica glauca		angélique glauque
angelica levisticum	renvoi vers levisticum officinale	
angelica officinalis	renvoi vers angelica archangelica	
angelica sinensis	angelica anomala	angélique de Chine angélique sauvage
angelica sylvestris		angélique des bois angélique sylvestre
angostura vera	angostura vera cusparia febrifuga galipea cusparia galipea febrifuga galipea officinalis	angosture cuspare
angustura vera	renvoi vers angostura vera	
aniba parviflora	aniba rosaeodora var amazonica (ancien nom)	bois de rose
aniba rosaeodora var amazonica	renvoi vers aniba parviflora	

annona myristica	renvoi vers monodora myristica	
anthemis mixta	renvoi vers ormenis mixta	
anthemis nobilis	chamaemelum nobile	camomille noble
	matricaria chamaemelum nobile (nom faux)	camomille romaine
	ormenis nobilis	anthémis noble
		herbe de lion
		orménie noble
		anthémis odorante
anthriscus cerefolium	anthriscus longirostris (ancien nom)	cerfeuil commun
	scandix cerefolium (ancien nom)	cerfeuil officinal
		cerfeuil des jardins
		anthrisque commun
anthriscus longirostris	renvoi vers anthriscus cerefolium	
apium carvi	renvoi vers carum carvi	
apium graveolens var dulce		céleri (céleri-branche)
		ache des marais
		ache odorante
		plante de lune
apium latifolium	renvoi vers petroselinum sativum	
apium petroselinum	renvoi vers petroselinum sativum	
aquilaria agalosha	aquilaria malaccensis	oud
	aquilaria secudaria (synonymie discutée)	agar
		agaloche
		bois d'agar
		bois d'aigle
		agarwood
		bois d'aloès (nom faux)
		gaharu
		jinkoh
		santal noir (nom faux)
aquilaria malaccensis	renvoi vers aquilaria agalosha	
aquilaria secudaria	renvoi vers aquilaria agalosha	
arbor vitae	renvoi vers thuja occidentalis	
armoracia lapathifolia	renvoi vers cochlearia armoracia	
armoracia rusticina	renvoi vers cochlearia armoracia	
arnica montana		arnica des montagnes
		arnique des montagnes
		herbe à étragni
		herbe aux chutes
		herbe aux prêcheurs
		herbe sainte (nom partagé confusif)
		tabac de mouton
		tabac des Vosges
artemisia abrotanum	artemisia procera	abrotone
		aurone
		armoise citronnelle
		citronnelle garde-robe
		arquebuse (nom partagé)
artemisia absinthum		absinthe
		alvuine
		armoise amère
		herbe aux vers (nom partagé)
		herbe des vierges (pas de la vierge)
		herbe sainte (nom partagé et confusif)
artemisia afra		absinthe africaine
		lanyana
artemisia annua		armoise annuelle
artemisia aragonensis	renvoi vers artemisa herba-alba	

artemisia arborescens		armoise arborescente
		shiba
artemisia bocconei	renvoi vers artemisia genepi	
artemisia dracunculus		estragon
		herbe dragon
		serpentine
		gargon
		armoise âcre
artemisia genepi	artemisia spicata subsp villarsii	génépi laineux
	artemisia bocconei	génépi noir
	artemisia genepi subsp genepi	génépi vrai
	artemisia villarsii	armoise génépi (nom on-reconnu)
artemisia genepi subsp genepi	renvoi vers artemisia genepi	
artemisia herba-alba	artemisia aragonensis	armoise herbe blanche
	artemisia inculta	armoise du désert
	seriphidium herba-alba	armoise blanche (nom confusif)
		thym des steppes (nom faux)
artemisia inculta	renvoi vers artemisa herba-alba	
artemisia pallens		davana
artemisia pontica		armoise romaine
artemisia procera	renvoi vers artemisia abrotanum	
artemisia scoparia		armoise scoparia
artemisia spicata subsp villarsii	renvoi vers artemisia genepi	
artemisia vulgaris		armoise vulgaire
		armoise commune
		armoise (nom insuffisant)
		herbe de la Saint-Jean (nom partagé)
artemisia villarsii	renvoi vers artemisia genepi	
asarum canadense		asaret du Canada
		asaret gingembre
		gingembre sauvage du Canada
asarum europaeum		asaret d'Europe
		oreille d'homme
asarum maximum		grand asaret d'Indochine
		fleur panda
aster ambiguus	renvoi vers coniza bonariensis	
aster bonariensis	renvoi vers coniza bonariensis	
aster helenium	renvoi vers inula helenium	
aster officinalis	renvoi vers inula helenium	
atriplex ambrosioides	renvoi vers dysphania ambrosioides	
aucklandia costus	renvoi vers saussurea costus	
avena sativa		avoine
backhousia citriodora		backhousia citronné
		myrte citronné (nom faux)
balsamita major	renvoi vers chrysanthemum balsamita	
balsamea abyssinica	renvoi vers commiphora habessinica	
balsamea pilosa	renvoi vers commiphora africana	
balsamodendron africanum	renvoi vers commiphora africana	
balsamodendron mukul	renvoi vers commiphora wightii	
balsamodendron molmol (nom adapté)	renvoi vers commiphora molmol	
balsamodendron myrrha	renvoi vers commiphora myrrha	
balsamodendron myrrha var molmol (nom adapté)	renvoi vers commiphora molmol	
balsamodendron wightii	renvoi vers commiphora wightii	
balsamum tolutanum	renvoi vers myroxylon balsamum var balsamum	
bamia abelmoschus	renvoi vers abelmoschus moschatus	
barosma betulina	renvoi vers agathosma betulina	
barosma crenulata	renvoi vers agathosma crenulata	

baryosma tonga	renvoi vers dipteryx odorata	
bergera koenigii	renvoi vers murraya koenigii	
betula alba papyrifera		bouleau à papier bouleau à canoës
betula alba pendula	betula alba verrucosa	bouleau commun bouleau verruqueux bouleau pleureur bois néphrétique d'Europe
betula alba pubescens		bouleau pubescent
betula alba regroupe le bouleau pleureur, le bouleau à papier et le bouleau pubescent		bouleau blanc
betula alba verrucosa	renvoi vers betula alba pendula	
betula alleghaniensis	betula lutea (nom ancien)	bouleau jaune
betula capinefolia	renvoi vers betula lenta	
betula lenta	betula capinefolia	bouleau merisier bouleau cerise bouleau canadien
betula lutea	renvoi vers betula alleghaniensis	
betula nigra		bouleau noir
biota orientalis	renvoi vers platycodus orientalis	
blitum ambrosioides	renvoi vers dysphania ambrosioides	
boesenbergia pandurata	renvoi vers kaempferia rotunda	
boldea fragrans	boldus boldus peumus boldus	boldo boldu
boldus boldus	renvoi vers boldea fragrans	
boronia megastigma		boronia brun
boswellia campestris	renvoi vers boswellia neglecta	
boswellia carterii	boswellia sacra	boswellie de Carter boswellie (nom partagé avec toute l'espèce) encens de Carter encens vrai (nom partagé avec toute l'espèce) oliban (nom partagé avec toute l'espèce)
boswellia elegans	renvoi vers boswellia neglecta	
boswellia frereana		arbre à encens d'Afrique encens vrai (nom partagé avec toute l'espèce) oliban (nom partagé avec toute l'espèce) boswellie (nom partagé avec toute l'espèce) yigaar
boswellia glabra	renvoi vers boswellia serrata	
boswellia hildebrandtii	renvoi vers boswellia neglecta	
boswellia holstii	renvoi vers boswellia neglecta	
boswellia microphylla	renvoi vers boswellia neglecta	
boswellia multifoliata	renvoi vers boswellia neglecta	
boswellia neglecta	boswellia campestris boswellia elegans boswellia hildebrandtii boswellia holstii boswellia microphylla boswellia multifoliata	encens neglecta encens vrai (nom partagé avec toute l'espèce) oliban (nom partagé avec toute l'espèce)
boswellia sacra	renvoi vers boswellia carterii	
boswellia serrata	boswellia glabra	arbre à encens de l'Inde encens salai boswellie salai salai encens vrai (nom partagé avec toute l'espèce) oliban (nom partagé avec toute l'espèce) boswellie (nom partagé avec toute l'espèce)
boswellia ssp dont b carterii, b serrata, b papyrifera, b frereana, b thurifera		encens vrai (nom partagé avec toute l'espèce)

		oliban (nom partagé avec toute l'espèce)
		boswellie (nom partagé avec toute l'espèce)
brachylaena hutchinsii	synchodendron hutchinsii	muhuhu
brassica nigra	brassica sinapioides	moutarde noire
	sinapis nigra	sévéné ordinaire
brassica sinapioides	renvoi vers brassica nigra	
bulnesia sarmienti		bulnésia sarmenteux
		gaiac (nom faux)
		guaiac (nom faux)
		palo santo (nom partagé avec bursera graveolens)
bunium carvi	renvoi vers carum carvi	
bunium copticum	renvoi vers trachyspermum ammi	
bunium persicum	carum bulbocastanum Clarke (nom confusif)	cumin noir vrai
	carum heterophyllum	bunium de Perse
	carum persicum	jeera shahi
		jeera kala
		n'est pas la nigella sativa
bupleurum frutescens	renvoi vers bupleurum fruticosum	
bupleurum fruticosum	bupleurum frutescens	buplèvre ligneux
	tenaria fruticosa	buplèvre arbustif
bursera aloexylon	elaphrium aloexylon	linaloé aleoxylon
	terebinthus aloexylon	linaloé à bois d'aloé
		linaloé (l'espèce devrait être précisée)
bursera citronella	renvoi vers bursera deplechiana	
bursera delpechiana	bursera citronella	bois de linaloé (l'espèce devrait être précisée)
	elaphrium graveolens (synonymie ancienne et incertaine)	linaloé de Delpech
		linaloé (l'espèce devrait être précisée)
bursera glabrifolia	elaphrium glabrifolium	linaloé à feuilles glabres
		linaloé (l'espèce devrait être précisée)
		bois de linaloé (l'espèce devrait être précisée)
bursera graveolens		palo santo (nom partagé avec bulnesia sarmienti)
bursera penicillata	elaphrium penicillatum	linaloé à pinceaux
		linaloé anisé
		linaloé du Mexique
		bois d'ales de Mexico
		bois de linaloé (l'espèce devrait être précisée)
		linaloé (l'espèce devrait être précisée)
cabralea cangerana	cabralea canjerana	cangerana
cabralea canjerana	renvoi vers cabralea cangerana	
caenotus canadensis	renvoi vers coniza canadensis	
caenotus pusillus	renvoi vers coniza canadensis	
calamintha nepeta	renvoi vers acinos nepeta	
calamintha officinalis	renvoi vers acinos officinalis	
calendula officinalis	caltha officinalis	souci des jardins
		calendula officinal
		souci (nom insuffisant)
		fleur du soleil (nom partagé)
		solsequiam
callistris columellaris intratropicalis	renvoi vers callitris intratropica	
callistris glaucophylla	callistris hugelii (nom illégitime)	cyprès blanc
	callitris columellaris (nom faux : couvre trois espèces)	
	callitris columellaris var campestris	

	callitris glauca (nom illégitime)	
	frenela microcarpa	
	octoclinis backhousii	
callistris hugelii	renvoi vers callistris glaucophylla	
callitris columellaris var campestris	renvoi vers callistris glaucophylla	
callitris glauca	renvoi vers callistris glaucophylla	
callitris intratropica	callistris columellaris intratropicalis	cyprès bleu d'Australie ABC (pour Australian Blue Cypress)
callitropsis lusitanica	renvoi vers cupressus lusitanica	
callitropsis nootkatensis	renvoi vers cupressus nootkatensis	
calocedrus decurrens	heyderia decurrens libocedrus decurrens thuja craigiana	calocèdre cèdre à encens (nom faux) cèdre blanc (nom faux) libocèdre à feuilles décurrentes
caltha officinalis	renvoi vers calendula officinalis	
camellia sinensis	thea sinensis	thé
cananga odorata var genuina	unona odoratissima	ylang-ylang alang-ylang arbre à parfum fleur des fleurs ilang-ilang
cananga odorata var macrophylla	cananga odorata (nom insuffisant)	cananga faux-ylang
canarium commune	renvoi vers canarium luzonicum	
canarium luzonicum	canarium commune	élémi de Manille élémi
cannabis indica	renvoi vers cannabis sativa	
cannabis lupulus	renvoi vers humulus lupulus	
cannabis sativa	cannabis indica (synonyme : il n'existe qu'une seule espèce)	chanvre chanvre doux (nom superflu) chanvre indien (nom erroné) chènevis chennevis
capsicum annuum	capsicum frutescens (synonymie discutée)	paprika pili-pili (nom partagé) piment d'Espelette piment de Cayenne piment jalapeno piment oiseau piments de diverses sortes selon sous-espèces (nom partagé)
capsicum chinensis	capsicum sinensis capsicum toxicarium	piri-piri pili-pili (nom partagé) piment habanero piments de diverses sortes selon sous-espèces (nom partagé)
capsicum chinensis pilipili		pilipili (nom partagé)
capsicum frutescens	renvoi vers capsicum annuum	
capsicum sinensis	renvoi vers capsicum chinensis	
capsicum toxicarium	renvoi vers capsicum chinensis	
cardamomum officinale	renvoi vers elettaria cardamomum	
cardamomum verum	renvoi vers elettaria cardamomum	
cardiaca stachys	renvoi vers leonurus cardiaca	
cardiaca trilobata	renvoi vers leonurus cardiaca	
cardiaca vulgaris	renvoi vers leonurus cardiaca	
carpherophorus odoratissimus var odoratissimus	chrysocoma odoratissima	langue de cerf américain
	frasera soeciosa	feuille-vanille

	liatris odoratissimum	liatrix
	trilisa odoratissima	
carum ajowan	renvoi vers trachyspermum ammi	
carum bulbocastanum Clarke	renvoi vers bunium persicum	
carum carvi	apium carvi	carvi
	bunium carvi	cumin des prés (nom erroné)
		cumin carvi (nom erroné)
		anis des Vosges (nom erroné)
carum copticum	renvoi vers trachyspermum ammi	
carum heterophyllum	renvoi vers bunium persicum	
carum persicum	renvoi vers bunium persicum	
carum petroselinum	renvoi vers petroselinum sativum	
caryophyllus racemosus	renvoi vers pimenta racemosa	
cedrelopsis grevei		katrafay
		katrafe
		hafatraina
		bemafaitra
		dobo
		manotra
		manpandry
		valomahamay
		vatany
cedrus atlantica		cèdre de l'Atlas
		cèdre de l'Atlantique (nom faux)
cedrus brevifolia		cèdre de Chypre
cedrus deodara (et pas deodora)		cèdre déodar
		déodar
		cèdre de l'Himalaya
cedrus libani		cèdre du Liban
centella asiatica	hydrocotyle asiatica	hydrocotyle d'Asie
	hydrocotyle erecta	centelle d'Asie
		centelle asiatique
		écuelle d'eau
		fausse violette
		gotu kola
cerasus dulcis	renvoi vers prunus dulcis var amara	
chalcas exotica	renvoi vers murraya paniculata	
chalcas koenigii	renvoi vers murraya koenigii	
chalcas paniculata	renvoi vers murraya paniculata	
chamaecyparis hodginsii	renvoi vers fokienia hodginsii	
chamaecyparis lawsoniana	cupressus attenuata	cyprès de Lawson
	cupressus fragrans	faux-cyprès
	cupressus lawsoniana	
chamaecyparis nootkatensis	renvoi vers cupressus nootkatensis	
chamaecyparis obtusa		cyprès hinoki
		cyprès du Japon
chamaemelum mixtum	renvoi vers ormenis mixta	
chamaemelum nobile	renvoi vers anthemis nobilis	
chamaemelum ormensis	renvoi vers ormenis mixta	
chamomilla matricaria	renvoi vers matricaria recutita	
chamomilla officinalis	renvoi vers matricaria recutita	
chamomilla recutita	renvoi vers matricaria recutita	
chamomilla suaveolens	renvoi vers matricaria discoides	
chavica auriculata	renvoi vers piper betle	
chavica betle	renvoi vers piper betle	
chavica roxburghii	renvoi vers piper jaborandii	
chenopodium ambrosioides	renvoi vers dysphania ambrosioides	
chenopodium anthelminthicum	renvoi vers dysphania ambrosioides	
chenopodium integrifolium	renvoi vers dysphania ambrosioides	
chenopodium spathulatum	renvoi vers dysphania ambrosioides	

chenopodium suffruticosum	renvoi vers dysphania ambrosioides	
chrysanthemum balsamita	balsamita major pyrethrum majus	chrysanthème balsamique balsamite feuille de bible herbe Sainte-Marie (nom confusif) menthe-coq (nom confusif)
chrysanthemum chamomilla	renvoi vers matricaria recutita	
chrysanthemum parthenium	renvoi vers tanacetum parthenium	
chrysanthemum vulgare	renvoi vers tanacetum vulgare	
chrysocoma odoratissima	renvoi vers carpherophorus odoratissimus	
chrysopogon zizanoides	anatherum zizanoides andropogon muricatus (nom ancien) cymbopogon muricatus phalaris zizanoides vetiveria zizanoides (nom ancien)	vétiver khus-khus
cinnamomum aromatica	renvoi vers cinnamomum cassia	
cinnamomum brevipedunculatum (ancien synonyme)	renvoi vers cinnamomum rigidissimum	
cinnamomum camphora		camphrier (plus chémotype !) ho-sho laurier du Japon ravintsare (nom ancien et confusif pour le camphrier quand il pousse au Madagascar)
cinnamomum cassia	cinnamomum aromatica laurus cassia	cannelle de Chine cannelle cassia cassia
cinnamomum cecidodaphe	renvoi vers cinnamomum glaucescens	
cinnamomum ceylanicum	renvoi vers cinnamomum verum	
cinnamomum glaucescens	cinnamomum cecidodaphe cinnamomum polyandrum (synonymie probable)	sugandha kokila kokila malagadi
cinnamomum kanahirai	renvoi vers cinnamomum kanehirai	
cinnamomum kanehirai	cinnamomum kanahirai cinnamomum micranthum parfois noté à tort synonyme ; ils sont parfois même historiquement décrits comme l'un étant une sous-espèce de l'autre cinnamomum xanthophyllum (synonymie incertaine)	sho-gyu camphre de Formose (nom faux) cinnamome
cinnamomum loureirii		cannelier du Vietnam cannelle du Vietnam cannelle de Saïgon cannelle d'Indochine
cinnamomum micranthum	machilus micranthum voir aussi cinnamomum kanehirai	cinnamome à petites fleurs ohba-kusu (japonais) sassafras de Chine (nom faux)
cinnamomum ovatum (ancien synonyme)	renvoi vers cinnamomum brevipedunculatum	
cinnamomum parthenoxylon	cinnamomum porrectum cinnamomum pseudosassafras laurus parthenoxylon parthenoxylon porrectum sassafras parthenoxylon	cinnamomum parthenoxylon (pas de nom vernaculaire français)
cinnamomum polyandrum	cinnamomum glaucescens (synonymie probable)	sugandha
cinnamomum porrectum	renvoi vers cinnamomum	

	parthenoxylon	
cinnamomum pseudosassafras	renvoi vers cinnamomum parthenoxylon	
cinnamomum rigidissimum	cinnamomum brevipedunculatum (ancien synonyme) cinnamomum ovatum (ancien synonyme)	cinnamomum rigidissimum (pas de nom vernaculaire français) luan ye gui (en chinois pinyuin)
cinnamomum tamala	cinnamomum tejpata	malabathrum tejpat feuille de Malabar (nom confusif)
cinnamomum tejpata	renvoi vers cinnamomum tamala	
cinnamomum verum	clnnamomum ceylanicum cinnamomum zeylanicum laurus cinnamomum	cannelle de Ceylan cannelier de Ceylan darucini darusita
cinnamomum xanthophyllum	renvoi vers cinnamomum kanahirai	
cinnamomum zeylanicum	renvoi vers cinnamomum verum	
cinnamosma fragrans		saro
cistus ladaniferus		ciste ladanifère ciste à gomme ciste (nom insuffisant) labdanum (nom de l'oléorésine)
citrofortunella microcarpa		kalamansi calamansi kalamundin
citrus acris	renvoi vers citrus aurantifolia	
citrus amblycarpa	renvoi vers citrus hystrix	
citrus aurantifolia	citrus acris citrus latifolia citrus medica var acida	citron vert lime limetier
citrus aurantium ssp aurantium	renvoi vers citrus aurantium var amara	
citrus aurantium subsp bergamia	citrus bergamia	bergamote orange bergamote
citrus aurantium var amara	citrus aurantium ssp aurantium citrus bigaradia citrus vulgaris	bigarade orange amère orange de Séville
citrus aurantium var amara florae	citrus aurantium ssp aurantium florae citrus bigaradia florae citrus vulgaris florae	néroli bigaradier néroli oranger amer néroli (nom insuffisant)
citrus aurantium var dulcis	renvoi vers citrus sinensis	
citrus aurantium var mori	renvoi vers citrus sinensis var mori	
citrus aurantium var sinensis	renvoi vers citrus sinensis	
citrus bergamia	renvoi vers citrus aurantium subsp bergamia	
citrus bigaradia	renvoi vers citrus aurantium var amara	
citrus clementina		clémentine mandarine algérienne
citrus deliciosa	renvoi vers citrus reticulata	
citrus deliciosa ssp	renvoi vers citrus reticulata ssp	
citrus dulcis	renvoi vers citrus sinensis	
citrus dulcis var mori	renvoi vers citrus sinensis var mori	
citrus feuilles : voir l'agrume en question		petit grain, tous feuilles de (agrume)
citrus fortunella japonica	renvoi vers citrus japonica	
citrus hystrix	citrus amblycarpa citrus papedia fortunella sagittifolia	combava makrut limetier hérissé

		citron porc-épic
		citron vert thaïlandais
		jeera
		jeeruk purut
		lime de Cafre
		lime kafir
		lime leech
citrus jambhiri		citron jambhiri
		citron de Java
		jambhiri
citrus japonica	citrus fortunella japonica	kumquat
	fortunella japonica	
citrus junos		yuzu
		citron du Japon
citrus latifolia	renvoi vers citrus aurantifolia	
citrus limetta	citrus medica var limetta	limette
citrus limonum		citron jaune
		citronnier
		poncire commun
citrus madurensis	renvoi vers citrus reticulata	
citrus margarita		kumquat ovale
citrus maxima		pomélo
citrus maxima var racemosa	renvoi vers citrus paradisi	
citrus medica var acida	renvoi vers citrus aurantifolia	
citrus medica var limetta	renvoi vers citrus limetta	
citrus medica var vulgaris		cédrat
		cédratier
citrus nobilis	renvoi vers citrus reticulata	
citrus nobilis ssp	renvoi vers citrus reticulata ssp	
citrus papedia	renvoi vers citrus hystrix	
citrus paradisi		grapefruit
	citrus maxima var racemosa	pamplemousse
	citrus racemosa	shaddock
citrus racemosa	renvoi vers citrus paradisi	
citrus reticulata	citrus deliciosa	mandarine
	citrus madurensis	mandarine rouge (époque cueillette)
	citrus nobilis	mandarine verte (époque cueillette)
	citrus unshiu	mandarine orange (époque cueillette)
citrus reticulata ssp	citrus deliciosa ssp	tangérine
	citrus nobilis ssp	mandarine américaine
	citrus unshiu ssp	
citrus sinensis	citrus aurantium var dulcis	orange douce
	citrus aurantium var sinensis	orange cultivée
	citrus dulcis	
citrus sinensis var mori	citrus aurantium var mori	orange sanguine
	citrus dulcis var mori	
citrus spp		agrumes
citrus unshiu	renvoi vers citrus reticulata	
citrus unshiu ssp	renvoi vers citrus reticulata ssp	
citrus vulgaris	renvoi vers citrus aurantium	
citrus vulgaris	renvoi vers citrus aurantium var amara	
cochlearia armoracia	armoracia lapathifolia	raifort (sauvage ou grand)
	armoracia rusticina	cranson
	nasturtium armoracia	cran de Bretagne
	radicula armoracia	moutarde des Allemands (nom faux)
	rorippa aromracia	radis de cheval (nom faux)
coffea ssp		café
coleus aromaticus	renvoi vers plectranthus amboinicus	
commiphora abyssinica	renvoi vers commiphora habessinica	
commiphora africana	balsamea pilosa	myrrhe gomme-poison

	balsamodendron africanum	bdelium (nom partagé)
	commiphora nkolola	
	commiphora pilosa	
	commiphora rubriflora	
commiphora erythrea	commiphora kataf	myrrhe d'Erythrée
	commiphora holtziana	opoponax (et pas opopanax)
	hemprichia erythrea	
commiphora habessinica	commiphora abyssinica	myrrhe d'Abyssinie
	balsamea abyssinica	myrrhe du Yemen
commiphora holtziana	renvoi vers commiphora erythrea	
commiphora kataf	renvoi vers commiphora erythrea	
commiphora kua		myrrhe kua
commiphora molmol	commiphora myrrha var molmol	myrrhe molmol
	balsamodendron molmol (nom adapté)	molmol
	balsamodendron myrrha var molmol (nom adapté)	
commiphora mukul	renvoi vers commiphora wightii	
commiphora myrrha	balsamodendron myrrha	myrrhe classique
		myrrhe commune
commiphora myrrha var molmol	renvoi vers commiphora molmol	
commiphora nkolola	renvoi vers commiphora africana	
commiphora pilosa	renvoi vers commiphora africana	
commiphora rubriflora	renvoi vers commiphora africana	
commiphora wightii	commiphora mukul	bdelium (nom partagé)
	balsamodendron wightii	bdelium de l'Inde
	balsamodendron mukul	guggul
comptonia peregrina		comptonie voyageuse
coniza bonariensis	aster ambiguus	vergerette de Naudin
	aster bonariensis	vergerette de Buenos Aires
	conyza ambigua	érigeron de Naudin
	conyza hispida	érigeron crispé
	conyza linearis	érigeron crépu
	conyza plebeia	
	conyzella linifolia	
	dimorphantes angustifolia	
	erigeron ambiguus	
	erigeron bonariensis	
	erigeron gusalakensis	
	erigeron linearifolius	
	erigeron linifolium	
	erigeron naudini	
	erigeron undulatus	
	leptilon bonariense	
	leptilon linifolium	
	marsea bonariensis	
	tessenia linifolia	
coniza canadensis	caenotus canadensis	vergerette du Canada
	caenotus pusillus	érigeron du Canada
	conyzella canadensis	conyze du Canada
	erigeron canadensis	conyza du Canada
	erigeron myriocephalus	vergerolle du Canada
	erigeron paniculatus	
	erigeron pusillus	
	erigeron ruderalis	
	erigeron setiferus	
	inula canadensis	
	marsea canadensis	
	tessenia canadensis	
convollaria majalis		muguet de mai
conyza ambigua	renvoi vers coniza bonariensis	

conyza hispida	renvoi vers coniza bonariensis	
conyza linearis	renvoi vers coniza bonariensis	
conyza plebeia	renvoi vers coniza bonariensis	
conyzella canadensis	renvoi vers coniza canadensis	
conyzella linifolia	renvoi vers coniza bonariensis	
copaifera langsdorfii		copaïba du Brésil
		copahu du Brésil
		baume de copaïba du Brésil
		baume de copahu du Brésil
		baume du copahier du Brésil
		copahier du Brésil
		copayer du Brésil
copaifera officinalis	copaifera reticulata	copaïba de Colombie
		copahu de Colombie
		baume de copaïba de Colombie
		baume de copahu de Colombie
		baume du copahier de Colombie
		copahier de Colombie
		copayer de Colombie
		copaïba de Carthagène
		copahu de Carthagène
		baume de copaïba de Carthagène
		baume de copahu de Carthagène
		baume du copahier de Carthagène
		copahier de Carthagène
		copayer de Carthagène
copaifera reticulata	renvoi vers copaifera officinalis	
coriandrum sativum		coriandre (nom pour les graines)
		cilanthro (nom pour les feuilles)
		persil chinois (nom erroné)
		persil indien (nom erroné)
corydothymus capitatum	satureja capitata (nom faux)	zatar (nom arabe)
	thymbra capitata	thym zaatar
	thymus capitans	thym à très grandes fleurs
	thymus capitatus	thym de Dioscoride
		thym de Candie
		origan sauvage (nom confusif)
		origan d'Espagne
		thym de Crète
corymbia citriodora (nom moderne)	eucalyptus citriodora (nom ancien)	eucalyptus citronné
		eucalyptus citron
		gommier citron
		corymbia citronné
costus zerumbet	renvoi vers alpinia zerumbet	
cotinus coggygria	renvoi vers rhus cotinus	
coumarouna odorata	renvoi vers dipteryx odorata	
coumarouna tetraphylla	renvoi vers dipteryx odorata	
crinum angustifolium	renvoi vers polianthes tuberosa	
crithmum maritimum		crithme marine
		criste marine
		perce-pierres
		cresthe marine
		fenouil marin (faux nom)
		samphire
croton androisensis	croton androysensis	croton androisensis
	croton geayi var androisensis	croton geayi
croton androysensis	voir croton androisensis	
croton eleuteria		cascarille
		faux-quinquina
		quinquina aromatique (nom faux)

croton geayi var androysensis	voir croton androisensis	
cryptocaria massoia	renvoi vers cryptocarya massoia	
cryptocarya massoia	cryptocaria massoia cryptocarya massoy	massoïa massoy massoi peumo (fausse synonymie : cryptocarya alba)
cryptocarya massoy	renvoi vers cryptocarya massoia	
cryptomeria japonica	cupressus japonica (nom faux)	cryptoméria du Japon cryptoméria japonais sugi
cubeba officinalis	renvoi vers piper cubeba	
cuminum cyminum		cumin blanc cumin d'Orient cumin du Maroc cumin (nom insuffisant) faux anis jeera safed
cupressus arizonica spp	cupressus glabra	cyprès bleu de l'Arizona
cupressus attenuata	renvoi vers chamaecyparis lawsoniana	
cupressus fragrans	renvoi vers chamaecyparis lawsoniana	
cupressus funebris		cyprès pendant de Chine
cupressus glabra	renvoi vers cupressus arizonica glauca renvoi vers cupressus lusitanica	
cupressus hartwegii	renvoi vers cupressus macrocarpa	
cupressus japonica	renvoi vers cryptomeria japonica	
cupressus lambertiana	renvoi vers cupressus macrocarpa	
cupressus lawsoniana	renvoi vers chamaecyparis lawsoniana	
cupressus lusitanica	callitropsis lusitanica cupressus glauca	cyprès de Lusitanie cyprès de Goa cyprès de Bentham (une variété) cyprès de Espagne (une variété)
cupressus macrocarpa	cupressus hartwegii cupressus lambertiana	cyprès de Lambert cyprès de Monterey cyprès à gros fruits
cupressus nootkatensis	callitropsis nootkatensis chamaecyparis nootkatensis (il a été retiré du genre chamaecyparis) thujopsis borealis thujopsis cupressoides xanthocyparis nootkatensis	cyprès de Nootka cyprès jaune de Nootka cyprès jaune (nom insuffisant)
cupressus pendula	nom illégitime donné à plusieurs espèces différentes en synonyme	
cupressus sempervirens		cyprès toujours vert cyprès de Provence
cuprocyparis leylandii	cupressocyparis leylandii cupressus macrocarpa x cupressus nootkatensis cupressus x leylandii	cyprès de Leyland leylandii
curcuma amada	curcuma mangga (synonymie fausse)	mangoginger gingembre mangue
curcuma aromatica		curcuma aromatique terre-mérite aromatique turmeric (nom insuffisant) safran des Indes (nom faux et partagé)
curcuma domestica	renvoi vers curcuma longa	
curcuma longa	amomum curcuma curcuma aromatica (fausse synonymie) curcuma domestica (nom ancien) curcuma rotunda (nom faux)	curcuma long terre-mérite long turmeric long arrow-root de l'Inde (nom faux)

| | turmeric (nom insuffisant) |
| | safran des Indes (nom faux et partagé) |

curcuma mangga	renvoi vers curcuma amada	
curcuma rotunda	renvoi vers curcuma longa	
	renvoi vers kaempferia rotunda	
curcuma xanthorhizza	curcuma zanthorhizza (nom faux)	curcuma géant
		faux-curcuma
curcuma zanthorhizza	renvoi vers curcuma xanthorhizza	
curcuma zedoaria	amomum zedoaria	zédoaire long
		curcuma zédoaire long
		kachur
		gingembre bâtard
curcuma zerumbet		zédoaire zerumbet
		zerumbet (nom partagé)
		zédoaire rond
		curcuma zédoaire rond
cusparia febrifuga	renvoi vers angostura vera	
cussambium oleosum	renvoi vers schleichera trijuga	
cyclamen europaeum	renvoi vers cyclamen purpurascens	
cyclamen purpurascens	cyclamen europaeum (ancien nom)	cylcamen des Alpes
cymbopogon afronardus	renvoi vers cymbopogon nardus	
cymbopogon caesius subsp giganteus	renvoi vers hyparrhenia hirta subsp hirta	
cymbopogon citratus	andropogon citratus (ancien nom)	lemongrass verveine des Indes
		verveine des Indes
cymbopogon flexuosus	andropogon flexuosus (ancien nom)	lemongrass herbe de Malabar
		herbe de Malabar
cymbopogon giganteus	renvoi vers hyparrhenia hirta subsp hirta	
cymbopogon martinii var martinii	renvoi vers cymbopogon martinii var motia	
cymbopogon martinii var motia	cymbopogon martinii var martinii	palmarosa
		« géranium » indien (nom faux)
cymbopogon martinii var sofia		gingergrass
		herbe de gingembre
cymbopogon muricatus	renvoi vers chrysopogon zizanoides	
cymbopogon nardus	andropogon nardus (ancien nom)	citronnelle de Ceylan
	cymbopogon afronardus	herbe-bleue africaine
	cymbopogon validus	jamrosa
cymbopogon validus	renvoi vers cymbopogon nardus	
cymbopogon winterianus	andropogon winterianus	citronnelle de Java
cyperus olivaris	renvoi vers cyperus rotundus	
cyperus rotundus	cyperus olivaris	souchet rond
	cyperus tuberosus	souchet à tubercules
	pycreus rotundus	herbe-à-oignons
cyperus scariosus		souchet cypriol
		souchet nagarmotha
		cypriol
cyperus tuberosus	renvoi vers cyperus rotundus	
cytisus pinnatus	renvoi vers millettia pinnata	
cytisus scoparius	renvoi vers sarothamnus scoparius	
daucus carota	daucus carota sativa est la carotte cultivée	carotte
derris indica	renvoi vers millettia pinnata	
dianthus caryophyllus		œillet clou de girofle
		œillet commun
		œillet des fleuristes
		œillet des jardins
		carnation
		œillet (nom insuffisant)

		œillet des poètes (nom partagé avec dianthus plumarius et dianthus barbatus)
dictamnus creticus	majorana dictamnus	dictame de Crète
	origanum dictamnifolium	dictamne de Crète
	origanum dictamnus	origan dictamne
	amacarus dictamnus (synonymie incertaine)	faux origan
		origan de Crète
dimorphantes angustifolia	renvoi vers coniza bonariensis	
diphasia madagascariensis	renvoi vers vepris madagascariensis	
dipterocarpus jourdainii	renvoi vers dipterocarpus turbinatus	
dipterocarpus laevis	renvoi vers dipterocarpus turbinatus	
dipterocarpus turbinatus	dipterocarpus jourdainii	gurjum
	dipterocarpus laevis	gurjan
	dypterocarpus turbinatus (le y est une erreur fréquente)	huile de bois
		copaiba est-indien (nom faux)
dipteryx odorata	baryosma tonga	tonka
	coumarouna odorata	fève de tonka
	coumarouna tetraphylla	coumarou
	dipteryx tetraphylla	gaïac de Cayenne (nom faux)
		sarrapia
dipteryx tetraphylla	renvoi vers dipteryx odorata	
dittrichia graveolens	inula graveolens (ancien nom)	dittriche odorante
	inula odora (ancien nom)	dittriche puante
		inule odorante
		inule puante
druparia amygdalus	renvoi vers prunus dulcis var amara	
dryobalanops aromatica	dryobalanops camphora (synonymie faisant débat)	bois de camphre de Bornéo
		arbre à camphre australien
		bornéol (nom confusif)
		camphre de Bornéo (nom confusif)
dryobalanops camphora	renvoi vers dryobalanops aromatica	
dypterocarpus turbinatus	renvoi vers dipterocarpus turbinatus	
dysphania ambrosioides	chenopodium ambrosioides	chénopode ambrosoïde
	ambrina ambrosioides	chénopode (nom insuffisant)
	ambrina parvula	ansérine vermifuge
	ambrina spathulata	épazote
	atriplex ambrosioides	thé mexicain (nom confusif)
	blitum ambrosioides	
	chenopodium anthelminthicum	
	chenopodium integrifolium	
	chenopodium spathulatum	
	chenopodium suffruticosum	
echinacea purpurea	rudbeckia purpurea	échinacée pourpre
		rudbeckie pourpre
elaphrium aloexylon	renvoi vers bursera aloexylon	
elaphrium glabrifolium	renvoi vers bursera glabrifolia	
elaphrium graveolens	renvoi vers bursera delphechiana	carara
elaphrium penicillatum	renvoi vers bursera penicillata	
elettaria cardamomum	alpinia cardamomum	cardamome aromatique
	amomum cardamomum	cardamome verte
	amomum elettaria	cardamome de Malabar
	amomum racemosum	petite cardamome
	amomum repens	cardamome blanche (nom partagé)
	cardamomum officinale	cardamone
	cardamomum verum	amome
	elettaria repens	chandravâlâ
	elettaria cardamomum var minor	

	matonia cardamomum	
elettaria cardamomum var major	renvoi vers amomum subulatum	
elettaria cardamomum var minor	renvoi vers elettaria cardamomum	
elettaria repens	renvoi vers elettaria cardamomum	
erigeron ambiguus	renvoi vers coniza bonariensis	
erigeron bonariensis	renvoi vers coniza bonariensis	
erigeron canadensis	renvoi vers coniza canadensis	
erigeron gusalakensis	renvoi vers coniza bonariensis	
erigeron linearifolius	renvoi vers coniza bonariensis	
erigeron linifolium	renvoi vers coniza bonariensis	
erigeron myriocephalus	renvoi vers coniza canadensis	
erigeron naudini	renvoi vers coniza bonariensis	
erigeron paniculatus	renvoi vers coniza canadensis	
erigeron pusillus	renvoi vers coniza canadensis	
erigeron ruderalis	renvoi vers coniza canadensis	
erigeron setiferus	renvoi vers coniza canadensis	
erigeron undulatus	renvoi vers coniza bonariensis	
eriocephalus africanus		ériocéphale africaine ériocéphalée africaine estragon du Cap (nom faux) romarin sauvage d'Afrique (nom faux)
eriocephalus punctulatus		ériocéphale bleue ériocéphalée bleue camomille du Cap (nom faux)
eucalyptus amygdalina var. latifolia	renvoi vers eucalyptus dives	
eucalyptus camaldulensis		eucalyptus à rostre gommier rouge
eucalyptus citriodora (nom ancien)	renvoi vers corymbia citriodora	
eucalyptus dives	eucalyptus amygdalina var. latifolia	eucalyptus mentholé gommier mentholé
eucalyptus globulus		eucalyptus globuleux gommier bleu gommier globuleux eucalyptus fort (nom confusif)
eucalyptus phellandra	renvoi vers eucalyptus radiata	
eucalyptus polybractea		eucalyptus cumin
eucalyptus radiata	eucalyptus phellandra	eucalyptus radié eucalyptus doux (nom confusif) gommier radié gommier doux (nom confusif)
eucalyptus smithii		eucalyptus de Smith gommier de Smith
eucalyptus spp		eucalyptus et nom latin, souvent avec chémotype
eucarium spicatum	fusanus spicatus santalum cygnorum santalum diversifolium santalum spicatum (nom faux)	eucarium épineux fusain épineux (nom faux) santal d'Australie (nom faux)
eugenia caryophylla	renvoi vers syzygium aromaticum	
euodia boiviniana	renvoi vers vepris madagascariensis	
eupatorium cannabinum		eupatoire chanvrine eupatoire à feuilles de chanvre chanvre d'eau (nom faux) herbe de sainte Cunégonde origan des marais (nom faux)
evernia prunastri		évernia du prunier mousse de chêne (bien que poussant sur de nombreux arbres) lichen (nom faux et insuffisant) mousse (nom insuffisant)

fagara affinis	renvoi vers zanthoxylum fagara	
fagara budrunga	renvoi vers zanthoxylum rhetsa	
fagara culanthrillo	renvoi vers zanthoxylum fagara	
fagara fagara	renvoi vers zanthoxylum fagara	
fagara piperita	renvoi vers zanthoxylum piperitum	
fagara rhetsa	renvoi vers zanthoxylum rhetsa	
fagara schinus	renvoi vers zanthoxylum fagara	
fagonia cretica	fragonia cretica (nom faux) (pour la disambiduation : pas d'HE)	manteau de la vierge duralambha
ferula asa-foetida	ferula foetida ferula koelzii ferula scorodosma	férule odorante férule persique ase fétide
ferula foetida	renvoi vers ferula asa-foetida	
ferula galbaniflua	ferula gummosa	férule gommeuse galbanum
ferula gummosa	renvoi vers ferula galbaniflua	
ferula koelzii	renvoi vers ferula asa-foetida	
ferula marathrophylla	renvoi vers anethum sowa	
ferula scorodosma	renvoi vers ferula asa-foetida	
ficus caprificus	renvoi vers ficus carica	
ficus carica	ficus caprificus	figuier commun
filipendula ulmaria	spirea ulmaria	reine des prés spirée ulmaire ulmaire fausse spirée
foeniculum vulgare var amara		fenouil amer
foeniculum vulgare var dulce		fenouil doux fenouil officinal fenouil commun fenouil (nom insuffisant) anis d'Espagne (nom erroné)
fokienia hodginsii	chamaecyparis hodginsii	bois de Siam cyprès de Fujian pémou
fortunella japonica	renvoi vers citrus japonica	
fortunella sagittifolia	renvoi vers citrus hystrix	
fragaria vesca	fragonia vesca (pour la disambiduation : pas d'HE)	fraisier des bois (pour la disambiduation : pas d'HE)
fragonia cretica (nom faux)	renvoi vers fagonia cretica	
fragonia vesca	renvoi vers fragaria vesca	
frasera soeciosa	renvoi vers carpherophorus odoratissimus	
frenela microcarpa	renvoi vers callistris glaucophylla	
fuga daemonium	renvoi vers hypericum perforatum	
fusanus spicatus	renvoi vers eucarium spicatum	
gale palustris	renvoi vers myrica gale	
galedupa indica	renvoi vers millettia pinnata	
galedupa pinnata	renvoi vers millettia pinnata	
galipea cusparia	renvoi vers angostura vera	
galipea febrifuga	renvoi vers angostura vera	
galipea officinalis	renvoi vers angostura vera	
gardenia jasminoides		gardénia à odeur de jasmin
gardenia tahitinensis		gardénia de Tahiti
gastrochilus panduratus	renvoi vers kaempferia rotunda	
gaultheria frangrantissima		gaulthérie odorante wintergreen oil (nom confusif entre les espèce et avec le salycilate de méthyle de synthèse)
gaultheria humilis	renvoi vers gaultheria procumbens	

gaultheria procumbens		gaulthérie couchée
		gaulthérie procombante
		gaulthérie du Canada
		petit thé des bois
		wintergreen oil (nom confusif entre les espèce et avec le salycilate de méthyle de synthèse)
gaultheria repens	renvoi vers gaultheria procumbens	
geniosporum discolor baker	renvoi vers ocimum gratissimum	
geniosporum tenuiflorum	renvoi vers ocimum sanctum	
geranium macrorrhizum		géranium zdravets
		zdravets
geranium maculatum		bec de grue (nom confusif)
geranium robertianum		géranium herbe-Robert
		géranium Robert
		géraine robertin
		herbe à Robert
		herbe-Robert
		herbe de Saint-Robert
		herbe du roi Robert
		épingles de la vierge
		fourchette du diable
		bec de cigogne
		bec de grue (nom confusif)
		herbe à l'esquinancie (nom confusif)
		aiguilles de notre dame
		herbe chancrée
		patte d'alouette
geranium spp et pas pelargonium spp (des pélargoniums)		géraniums, tous
germanea urticifolia	renvoi vers plectranthus fruticosus	
gnaphalium orientale	renvoi vers helichrysum orientale	
gnaphalium splendidum	renvoi vers helichrysum splendidum	
gnaphalium strictum	renvoi vers helichrysum splendidum	
guaiacum officinale		gaiac
		guaiac
		bois de gaiac
		bois de guaiac
guajava pyrifera	renvoi vers psidium guajava	
guaiava pyriformis	renvoi vers psidium guajava	
hartogia betulina	renvoi vers agathosma betulina	
hedoma pulegioides		hedoma menthe-pouliot
		menthe pouliot américain (nom faux)
		pennyroyal américain (nom faux)
hedychium acuminatum		hédychium acuminé
		gingembre-lys acuminé
hedychium coronarium var flavescens	renvoi vers hedychium flavum	
hedychium flavum	hedychium coronarium var flavescens	longozabe
		grand longoze
		gingembre papillon
		longozo (nom confusif avec aframomum angustifolium)
hedychium spicatum		hédychium épineux
		gingembre-lys épineux
		sanna
helichrysum abyssinicum	renvoi vers helichrysum splendidum	
helichrysum acrobates	renvoi vers helichrysum splendidum	
helichrysum angustifolia	helichrysum italicum (ancien nom)	hélichryse à feuilles étroites
		hélichryse italienne
		immortelle italienne

		plante-curry
		hélichryse italienne de Corse
		hélichryse corse
		immortelle corse
		immortelle italienne de Corse
		immortelle (nom insuffisant)
helichrysum arenarium		hélichryse des dunes
		hélichryse des sables
		immortelle des dunes
		immortelle des sables
helichrysum bracteiferum		hélichryse bractéïfère
		hélichryse mâle du Madagascar
		immortelle bractéïfère
		immortelle mâle du Madagascar
		rambiazina mâle
helichrysum faradifani	helichrysum rusilonii	hélichryse faradifani
		immortelle faradifani
helichrysum gymnocephalum		hélichryse à capitules nus
		hélichryse à tête nue
		hélichryse femelle du Madagascar
		immortelle à capitules nus
		immortelle à tête nue
		immortelle femelle du Madagascar
		rambiazina femelle
helichrysum hendersonae	renvoi vers helichrysum splendidum	
helichrysum italicum	renvoi vers helichrysum angustifolia	
helichrysum orientale	gnaphalium orientale	hélichryse d'Orient
		hélichryse du Var
		immortelle d'Orient
		immortelle du Var
		immortelle à bouquets (nom peu accepté)
		hélichryse à bouquets (nom peu accepté)
helichrysum rusilonii	renvoi vers helichrysum faradifani	
helichrysum splendidum (sous-espèce désormais définies en noms propres)	gnaphalium splendidum	hélichryse splendide
	gnaphalium strictum	immortelle splendide
	helichrysum abyssinicum	immortelle commune (???)
	helichrysum acrobates	immortelle des sables (nom faux : helichrysum arenarium)
	helichrysum hendersonae	
	helichrysum strictum	
	gnaphalium abyssinicum	
helichrysum stoechas		immortelle sauvage
		hélichryse stoechade
		hélichryse sauvage
		immortelle stoechade
helichrysum strictum	renvoi vers helichrysum splendidum	
hemizygia petiolata		gaia
		gia
hemprichia erythrea	renvoi vers commiphora erythrea	
herba sacra	renvoi vers salvia officinalis	
hernandia voyroni	hernandia voyronii	hazomalanga
		hazomaly
		hanomalanga
hernandia voyronii	renvoi vers hernandia voyroni	
heyderia decurrens	renvoi vers calocedrus decurrens	
hibiscus abelmoschus	renvoi vers abelmoschus moschatus	
hibiscus moschatus	renvoi vers abelmoschus moschatus	

hippophae rhamnoides		argousier épine luisante épine marante bourdaine marine (nom faux) faux nerprun griset saule épineux (nom faux)
humulus americanus	renvoi vers humulus lupulus	
humulus lupulus	cannabis lupulus humulus americanus humulus volubilis humulus vulgaris lupulus amarus lupulus communis lupulus humulus	houblon loup de terre digérable bois du diable asperge de gueux (nom confusif) asperge sauvage (nom confusif) couleuvrée septentrionale (nom confusif) salsepareille nationale (nom confusif) vigne du nord (nom confusif)
humulus volubilis	renvoi vers humulus lupulus	
humulus vulgaris	renvoi vers humulus lupulus	
hyacinthus orientalis	scilla coronaria scilla nutans (nom faux : hyacinthoides non-scripta)	jacinthe d'Orient
hydachum spicatum	renvoi vers hydicum spicatum	
hydicum spicatum	hydachum spicatum	hidacheim zedoar (nom faux)
hydnocarpus laurifolius	renvoi vers taraktogenos kurzii	
hydrocotyle asiatica	renvoi vers centella asiatica	
hydrocotyle erecta	renvoi vers centella asiatica	
hyparrhenia hirta subsp hirta	cymbopogon giganteus cymbopogon caesius subsp giganteus andropogon giganteus andropogon collinus andropogon distachyos var hirtus trachypogon hirtus	barbon velu ahibero (nom commercial) citronnelle de Madagascar (nom faux) citronnelle sauvage (nom faux)
hypericum lanceolatum		fleur jaune ambaville jaune bois fleur-jaune
hypericum perforatum	fuga daemonium	millepertuis perforé herbe aux mille trous herbe aux piqûres (nom confusif) herbe de la Saint-Jean (nom partagé) millepertuis (nom insuffisant) chasse-diable
hyssopus montana	renvoi vers hyssopus officinalis decumbens	
hyssopus officinalis aristatus		hysope aristée
hyssopus officinalis decumbens	hyssopus montana	hysope couchée hysope décombante herbe de Joseph couchée
hyssopus officinalis officinalis		hysope officinale herbe de Joseph officinale
ilex paraguayensis		erva maté maté (nom confusif et partagé) thé des Jésuites thé du Brésil thé du Paragay yerba maté
illicium anisatum		fausse badiane
illicium verum		badiane

		anis étoilé
inula canadensis	renvoi vers coniza canadensis	
inula graveolens	renvoi vers dittrichia graveolens	
inula helenium	aster helenium aster officinalis	inule grecque aunée officinale grande aunée aillaume aster de chien elecampane (nom confusif)
inula odora	renvoi vers dittrichia graveolens	
inula viscosa		inule visqueuse
iris fiorentina		iris de Florence
iris germanica		iris allemande iris germanique
iris palida		iris pâle orris pâle
jasminum grandiflorum		jasmin à grandes fleurs jasmin d'Espagne jasmin royal jasmin (nom insuffisant)
jasminum officinale	renvoi vers jasminum officinale sambac	
jasminum officinale sambac	jasminum officinale (nom insuffisant) jasminum sambac	jasmin sambac jasmin d'Arabie
jasminum sambac	renvoi vers jasminum officinale sambac	
juniperus communis var communis		genévrier commun genévrier commun érigé
juniperus communis var montana	juniperus communis var nana juniperus montana juniperus nana	genévrier des montagnes genévrier alpin genévrier commun des montagnes
juniperus communis var nana	renvoi vers juniperus communis var montana	
juniperus mexicana		genévrier du Espagne « cèdre » du Texas (nom faux)
juniperus montana	renvoi vers juniperus communis var montana	
juniperus nana	renvoi vers juniperus communis var montana	
juniperus oxycedrus		genévrier cadier cadier cade genévrier cade bois de cade
juniperus procera		genévrier d'Afrique orientale « cèdre » d'Afrique orientale (nom faux)
juniperus sabina	sabina cucumina (ancien nom)	genévrier sabine sabine
juniperus smerka		genévrier des Balkans genévrier de Yougoslavie
juniperus virginiana		genévrier de Virginie « cèdre » de Virginie (nom faux)
kaempferia galanga		kaempferia faux galanga faux galanga galanga camphré (nom faux)
kaempferia pandurata	renvoi vers kaempferia rotunda	
kaempferia rotunda	boesenbergia pandurata (synonymie incertaine) curcuma rotunda (synonymie incertaine)	kaemferia rond

	gastrochilus panduratus (synonymie incertaine)	
	kaempferia pandurata (synonymie incertaine)	
kunzea ambigua		kunzea buisson aux tiques
kunzea ericoides	leptospermum ericoides	kanuka
lacellia cuneata	renvoi vers laserpitium gallicum	
laminaria digitata		laminaire (algue)
languas galanga	renvoi vers alpinia galanga	
languas officinarum	renvoi vers alpinia officinarum	
languas schumanniana	renvoi vers alpinia zerumbet	
languas speciosa	renvoi vers alpinia zerumbet	
languas vulgare	renvoi vers alpinia galanga	
lantana aculeata	renvoi vers lantana camara	
lantana alba	renvoi vers lippia alba	
lantana armata	renvoi vers lantana camara	
lantana camara	lantana aculeata lantana armata lantana tiliifolia	lantane chamarée lantanier thé de Gambie (nom confusif)
lantana lippioides	renvoi vers lippia alba	
lantana tiliifolia	renvoi vers lantana camara	
larix americiana	renvoi vers larix lariciana	
larix decidua	larix europaea	mélèze d'Europe mélèze commun
larix europaea	renvoi vers larix decidua	
larix lariciana	larix americiana	mélèze laricin tamarack mélèze du Canada mélèze américain épinette rouge (nom faux)
laserpitium angustifolium	renvoi vers laserpitium gallicum	
laserpitium angustissimum	renvoi vers laserpitium gallicum	
laserpitium cuneatum	renvoi vers laserpitium gallicum	
laserpitium formosum	renvoi vers laserpitium gallicum	
laserpitium gallicum	lacellia cuneata laserpitium angustifolium laserpitium angustissimum laserpitium cuneatum laserpitium formosum laserpitium paradoxum laserpitium trifurcatum siler gallicum	laser à feuilles étroites laser de Gaule laser d'Espagne laser odorant
laserpitium chironium	renvoi vers opopanax chironium	
laserpitium paradoxum	renvoi vers laserpitium gallicum	
laserpitium trifurcatum	renvoi vers laserpitium gallicum	
laurus cassia	renvoi vers cinnamomum cassia	
laurus cinnamomum	renvoi vers cinnamomum verum	
laurus nobilis		laurier noble laurier des poètes laurier d'Apollon laurier de Daphnée laurier sauce bay (nom confusif)
laurus parthenoxylon	renvoi vers cinnamomum parthenoxylon	
lavandula angustifolia	lavandula officinalis (ancien nom) lavandula vera (ancien nom)	lavande vraie lavande à feuilles étroites lavande noble lavande fine (une AOC)

		lavande extra
		lavande de Haute-Provence (une AOC)
		lavande maillette (un clone)
		lavande matheronne (un clone)
lavandula angustifolia x latifolia spp	renvoi vers lavandula hybrida	
lavandula burnatii spp	renvoi vers lavandula hybrida	
lavandula hybrida	lavandula angustifolia var latifolia spp	lavandin
	lavandula burnatii spp	lavande hybride
	lavandula officinalis x spica spp (nom ancien)	
	lavandula x intermedia spp	
lavandula latifolia	lavandula spica (nom ancien)	lavande aspic
		lavande à feuilles larges
		lavande à venin
lavandula luisieri	renvoi vers lavandula stoechas ssp luisieri	
lavandula officinalis	renvoi vers lavandula angustifolia	
lavandula officinalis x spica spp	renvoi vers lavandula hybrida	
lavandula spica	renvoi vers lavandula latifolia	
lavandula stoechas		lavande papillon
		lavande stoechade
		lavande stéchas
		lavande cotonnée
		lavande maritime
lavandula stoechas ssp luisieri	lavandula luisieri	lavande de Séville
lavandula vera	renvoi vers lavandula angustifolia	
lavandula x intermedia spp	renvoi vers lavandula hybrida	
ledum groenlandicum	renvoi vers rhododendron groenlandicum	
ledum palustre ssp groenlandicum	renvoi vers rhododendron groenlandicum	
ledum palustre var latifolium	renvoi vers rhododendron groenlandicum	
leonurus capestris	renvoi vers leonurus cardiaca	
leonurus canescens	renvoi vers leonurus cardiaca	
leonurus cardiaca	leonurus cardiaca var cardiaca	agripaume cardiaque
	leonurus campestris	queue-de-lion
	leonurus canescens	
	leonurus crispus	
	leonurus discolor	
	leonurus neglectus	
	leonurus ruderalis	
	leonurus tataricus	
	leonurus trilobatus	
	cardiaca stachys	
	cardiaca trilobata	
	cardiaca vulgaris	
leonurus cardiaca var cardiaca	renvoi vers leonurus cardiaca	
leonurus crispus	renvoi vers leonurus cardiaca	
leonurus discolor	renvoi vers leonurus cardiaca	
leonurus neglectus	renvoi vers leonurus cardiaca	
leonurus ruderalis	renvoi vers leonurus cardiaca	
leonurus tataricus	renvoi vers leonurus cardiaca	
leonurus trilobatus	renvoi vers leonurus cardiaca	
leptilon bonariense	renvoi vers coniza bonariensis	
leptilon linifolium	renvoi vers coniza bonariensis	
leptinaca senegambica		karo karounde
leptospermum citratum	renvoi vers leptospermum petersonii	
leptospermum ericoides	renvoi vers kunzea ericoides	
leptospermum flavescens var citratum	renvoi vers leptospermum petersonii	

leptospermum petersonii	leptospermum citratum leptospermum flavescens var citratum	leptosperme citronné leptosperme de Peterson tea-tree citronné (nom partagé avec leptospermum leversidgei) myrte citronné (nom faux et confusif)
leptospermum scoparium		manuka maunka rouge tea-tree de Nouvelle-Zélande (nom confusif) tea-tree (nom confusif)
leucanthemum parthenium	renvoi vers tanacetum parthenium	
levisticum officinale	angelica levisticum (nom faux) levisticum vulgare ligusticum levisticum	livèche lévistique officinale herbe à Maggi ache des montagnes livistique luneche séséli des montagnes (nom erroné) céleri bâtard (nom erroné) céleri perpétuel (nom erroné) gaya à tige simple (nom incertain)
levisticum vulgare	renvoi vers levisticum officinale	
liatris odoratissimum	renvoi vers carpherophorus odoratissimus	
libocedrus decurrens	renvoi vers calocedrus decurrens	
lignum rubrum	renvoi vers pterocarpus santalinus	
ligusticum levisticum	renvoi vers levisticum officinale	
limonia laureola	renvoi vers skimmia laureola	
lingoum santalinum	renvoi vers pterocarpus santalinus	
lippia alba	lantana alba (nom faux) lantana lippioides (nom faux) lippia germinata	verveine blanche verveine anisée khursin
lippia berlandier	renvoi vers lippia graveolens	
lippia citriodora	aloysia triphyllia (nom ancien) lippia triphyllia verbena triphyllia (nom faux) zappania citriodora	verveine citronnée verveine à trois feuilles herbe Louise verveine odorante verveine citronnelle verveine du Pérou thé arabe
lippia germinata	renvoi vers lippia alba	
lippia graveolens	lippia berlandier	hierba dulce (nom partagé) origan mexicain (nom impropre et partagé)
lippia javanica		verveine de Java zinziba
lippia triphyllia	renvoi vers lippia citriodora	
liquidambar orientalis		liquidambar oriental storax (nom faux) styrax (nom faux)
liquidambar styraciflua		liquidambar à styrax copalme d'Amérique bois-aligator storax (nom faux) styrax (nom faux)
litsea citrata	renvoi vers litsea cubeba	
litsea cubeba	litsea citrata	litsée citronnée litsée cubèbe litsée may chang

		verveine du Yunnan (nom faux)
lupulus amarus	renvoi vers humulus lupulus	
lupulus communis	renvoi vers humulus lupulus	
lupulus humulus	renvoi vers humulus lupulus	
machilus micranthum	renvoi vers cinnamomum kanahirai	
majorana dictamnus	renvoi vers dictamnus creticus	
majorana fragrans	renvoi vers majorana hortensis	
majorana hortensis	majorana fragrans majorana majorana origanum majorana	marjolaine à coquilles marjolaine des jardins marjolaine
majorana majorana	renvoi vers majorana hortensis	
majorana sylvestris lazaro	renvoi vers thymus mastichana cineoliferum renvoi vers thymus mastichana linaloliferum	
mammea longifolia	ochrocarpos longifolius paramammea longifolia	mammea (nom insuffisant) nagkesar (nom partagé et confusif) surungi (espèce incertaine)
maranta galanga	renvoi vers alpinia galanga	
marsea bonariensis	renvoi vers coniza bonariensis	
marsea canadensis	renvoi vers coniza canadensis	
matonia cardamomum	renvoi vers elettaria cardamomum	
matricaria chamaemelum nobile	renvoi vers anthemis nobilis	
matricaria chamomilla	renvoi vers matricaria recutita	
matricaria discoides	chamomilla suaveolens matricaria matricarioides matricaria suaveolens	camomille suave matricaire sans ligules matricaire discoïde matricaire fausse camomille camomille odorante
matricaria matricarioides	renvoi vers matricaria discoides	
matricaria odorata	renvoi vers tanacetum parthenium	
matricaria parthenium	renvoi vers tanacetum parthenium	
matricaria recutita	chamomilla matricaria chamomilla officinalis chamomilla recutita chrysanthemum chamomilla matricaria chamomilla	camomille matricaire petite camomille matricaire camomille commune camomille ordinaire œil du soleil camomille sauvage (nom partagé) camomille allemande camomille bleue camomille bleue allemande pyrèthre camomille
matricaria suaveolens	renvoi vers matricaria discoides	
melaleuca	Il faut savoir que la nomenclature des mélaleuques est un chassé-croisé d'erreurs et de raccourcis. Aucune autorité n'est suffisamment médiatisée à l'heure actuelle.	
Melaleuca alternifolia		mélaleuque à feuilles alternes tea-tree m.a.
melaleuca cajeputii		cajeput tea-tree à écorce de papier tea-tree blanc (nom confusif avec melaleuca leucadendron) tea-tree des marais
melaleuca ericifolia		mélaleuque à feuilles érigées rosalina tea-tree à feuilles érigées tea-tree lavande (nom partagé)

melaleuca leucadendron		mélaleuque à bois blanc
		tea-tree à bois blanc
		tea-tree leucadendron
		leucadendron
melaleuca linariifolia		mélaleuque à feuilles linéaires
		neige-en-été
melaleuca quinquinervia	melaleuca quinquinervia viridiflora (synonymie sujette à débat ; en aroma, le chémotype fera foi ici)	mélaleuque pentanerve
	melaleuca viridiflora (synonymie sujette à débat ; en aroma, le chémotype fera foi ici)	goménol
		niaouli
melaleuca quinquinervia viridiflora	renvoi vers melaleuca quinquinervia	
melaleuca uncinata		mélaleuque à feuilles uncinées
		mélaleuque unciné
melaleuca viridiflora	renvoi vers melaleuca quinquinervia	
melilotus alba	melilotus officnalis var alba (synonymie fausse)	mélilot blanc
melilotus arvensis	melilotus officinalis (synonymie discutée)	mélilot des champs
melilotus dagestanicus	renvoi vers melilotus suaveolens	
melilotus graveolens	renvoi vers melilotus suaveolens	
melilotus officinalis	melilotus arvensis (synonymie discutée)	mélilot officinal
	melilotus bungeanus	mélilot jaune
	melilotus diffusus	mélilot
	melilotus petitpierreanus	
	melilotus vulgaris	
	trifolium officinalis (nom faux)	
	trifolium petitpierreanum (nom faux)	
melilotus officinalis var alba	renvoi vers melilotus alba (synonymie fausse)	
melilotus suaveolens	melilotus dagestanicus	mélilot suave
	melilotus graveolens	
melissa citriodorata	renvoi vers melissa officinalis	
melissa cordifolia	renvoi vers melissa officinalis	
melissa cretica	renvoi vers perilla frutescens	
melissa hirsuta	renvoi vers melissa officinalis	
melissa maxima	renvoi vers perilla frutescens	
melissa officinalis	melissa citriodorata	mélisse officinale
	melissa cordifolia	mélisse (nom insuffisant)
	melissa hirsuta	herbe au citron
		céline
		piment des abeilles
		ponchirade
		thé de Espagne
		baume mélisse
		citronnelle (nom faux et confusif)
		bergamote (nom faux et confusif)
mentha aquatica	mentha crispa	menthe aquatique
		menthe crépue
mentha arvensis		menthe des champs
		menthe japonaise
mentha arvensis glabrata		menthe des champs de Chine
mentha arvensis piperascens		menthe des champs du Japon
mentha canadensis		menthe du Canada
mentha crispa	renvoi vers mentha aquatica	
mentha longifolium		menthe à longues feuilles
		menthe sylvestre

mentha perilloides	renvoi vers perilla frutescens	
mentha pulegium		menthe pouliot herbe de Saint-Laurent pennyroyal
mentha spicata	mentha viridis	menthe verte menthe à épis spearmint
mentha suaveolens		menthe suave menthe à feuilles rondes
mentha verticillata		menthe verticillée
mentha viridis	renvoi vers mentha spicata	
mentha x citrata		menthe bergamote menthe citronnée
mentha x piperita		menthe poivrée sentebon herbe aux puces menthe anglaise menthe poivrée chocolat (sous-espèce) menthe chocolat (sous-espèce et nom incomplet) menthe hongroise (sous-espèce) peppermint
michelia alba	michelia longifolia	champaca blanc champak blanc magnolia (nom faux)
michelia champaca		champaca rouge champak rouge
michelia longifolia	renvoi vers michelia alba	
microtoena cymosa	renvoi vers microtoena patchoulii	
microtoena insuavis	renvoi vers microtoena patchoulii	
microtoena patchoulii	microtoena cymosa microtoena insuavis plectranthus patchoulii	assam
millefolium officinale	renvoi vers achillea millefolium	
millettia pinnata	cytisus pinnatus derris indica galedupa indica galedupa pinnata pongamia glabra (ancien nom) pongamia mitis (ancien nom) pongamia pinnata (ancien nom)	karanj
mimosa decurrens	renvoi vers acacia dealbata	
monarda didyma		monarde pourpre monarde écarlate thé d'Oswego monarde à thymol
monarda fistulosa		monarde fistuleuse monarde à tubes baume d'abeilles monarde à géraniol
monodora borealis	renvoi vers monodora myristica	
monodora claessensii	renvoi vers monodora myristica	
monodora grandiflora	renvoi vers monodora myristica	
monodora myristica	annona myristica	faux muscadier
	monodora borealis	fausse noix de muscade
	monodora claessensii	monodora à racine odoriférante sucrée
	monodora grandiflora	muscade-calebasse (nom confusif)
	monodora unwinii	muscade Jamaïque (nom confusif)
	xylopia undulata	muscadier du Gabon (nom confusif)
		muscade d'Afrique (nom confusif)

		muscadier de Calabash (nom confusif)
		calebassier (nom confusif)
		boniningo (Congo)
monodora unwinii	renvoi vers monodora myristica	
morella pensylvanica	renvoi vers myrica pensylvanica	
murraya exotica	renvoi vers murraya paniculata	
murraya koenigii	bergera koenigii	feuille de curry
	chalcas koenigii	feuille de cari
		arbre à curry
		kaloupilé
		caloupilé
		caripoulé (nom sur l'Île Maurice)
		herbe-curry (nom faux et partagé)
murraya paniculata	chalcas exotica	bois de satin
		bois buis
		bois jasmin
		buis de chine
		oranger jasmin
myrica cerifera		myrique cerifera
myrica gale	gale palustris	myrique baumier
	myrica palustris	bois sent-bon
		gale odorant
		pucellière
		piment royal (nom confusif)
		lorette (nom confusif)
		myrte bâtard (nom erroné)
		myrte des marais (nom erroné)
		piment aquatique (nom partagé avec polygonum hydropiper)
myrica palustris	renvoi vers myrica gale	
myrica pensylvanica	morella pensylvanica	myrique de Pennsylvanie
myristica fragrans	myristica officinalis	muscade (noix)
	nux moschata (nom illégitime)	muscadier (noix)
		noix de muscade
		mace (muscade coques et pas fleurs)
		macis (muscade coques)
		noix de banda
		pied-de-muscade
myristica officinalis	renvoi vers myristica fragrans	
myrobroma fragrans	renvoi vers vanilla planifolia	
myrocaprus fastigiatus		cabreuva
		cabureicia
		baume du Pérou brun (nom faux)
myrocarpus frondosus		cabreuva dorada
myrospermum pereira	renvoi vers myroxylon balsamum var pereirae	
myrospermum toluiferum	renvoi vers myroxylon balsamum var balsamum	
myroxylon balsamum var balsamum	balsamum tolutanum	baume de Tolu
	myrospermum toluiferum	balsamier de Tolu
	toluifera balsamum	
myroxylon balsamum var pereirae	myrospermum pereira	baume du Pérou
	myroxylon pereira	balsamier du Pérou
	toluifera pereira	
myroxylon pereira	renvoi vers myroxylon balsamum var pereirae	
myrtus communis		myrte commun
		myrte rouge (chémotype mal défini = myrte commun à cinéole ou à acétate

		de myrtényle selon fabricants) myrte vert (chémotype mal défini = myrte commun à acétate de myrtényle ou à cinéole selon fabricants)
narcissus poeticus		narcisse des poètes
nardostachys grandiflora	renvoi vers nardostachys jatamansi	
nardostachys jatamansi	nardostachys grandiflora patrinia jatamansi (nom illégitime) valeriana jatamansi (nom illégitime)	narde jatamanshique narde de l'Himalaya narde rouge narde verte nard (nom confusif : d'autres valérianacées le portent, dont le nard biblique)
nardostachys sinensis		narde chinoise
nasturtium armoracia	renvoi vers cochlearia armoracia	
nelumbo nucifera		lotus sacré lotus (blanc, bleu et rose indifféremment) nom insuffisant
nepeta cataria		népéta chataire cataire herbe aux chats menthe aux chats (nom faux)
nicotiana angustifolia	renvoi vers nicotiana tabacum	
nicotiana chinensis	renvoi vers nicotiana tabacum	
nicotiana macrophylla	renvoi vers nicotiana tabacum	
nicotiana tabacum	nicotiana angustifolia nicotiana chinensis (synonymie incertaine) nicotiana macrophylla nicotiana virginica tabacum nicotiana	tabac commun grand tabac tabac de Virginie
nicotiana virginica	renvoi vers nicotiana tabacum	
nigella arvensis	nigella latifolia nigella tenuiflora	nigelle des champs poivrette bâtarde nigelle bâtarde barbe de capucin araignée
nigella bourgaei	renvoi vers nigella damascena	
nigella coerula	renvoi vers nigella damascena	
nigella damascena	nigella bourgaei nigella coerula nigella multifida	nigelle de Damas poivrette cheveux de Vénus herbe de capucin amour dans le brouillard love in a mist cumin de Damas (nom faux) graine d'oignon (nom faux)
nigella indica	renvoi vers nigella sativa	
nigella latifolia	renvoi vers nigella arvensis	
nigella multifida	renvoi vers nigella damascena	
nigella sativa	nigella indica nigella truncate	nigelle cultivée nigelle de Crète nigelle (nom insuffisant) fleur de Sainte Catherine nigelline (nom de l'huile essentielle) herbe aux épices faux-cumin
nigella tenuiflora	renvoi vers nigella arvensis	
nigella truncate	renvoi vers nigella sativa	

notylia planifolia	renvoi vers vanilla planifolia	
nux moschata	renvoi vers myristica fragrans	
ochrocarpos longifolius	renvoi vers mammea longifolia	
ocimum album	renvoi vers ocimum sanctum	
ocimum americanum	renvoi vers ocimum basilicum	
ocimum barrelieri	renvoi vers ocimum basilicum	
ocimum basilicum	ocimum americanum ocimum barrelieri ocimum bullatum ocimum thyrsiflorum plectranthus barrelieri	basilic « classique » framboisin herbe royale pistou oranger des savetiers
ocimum basilicum var basilicum linaloliferum		basilic doux à linalol
ocimum basilicum var basilicum methylchavicoliferum		basilic exotique
ocimum basilicum var basilicum methylchavicoliferum		basilic tropical
ocimum basilicum var citriodorum	ocimum citriodorum (nom raccourci)	basilic citronné basilic mentholé
ocimum brachiatum	renvoi vers ocimum sanctum	basilic de Ceylan
ocimum bullatum	renvoi vers ocimum basilicum	basilic de Nouvelle Guinée
ocimum citriodorum	renvoi vers ocimum basilicum var citriodorum	
ocimum dalabaense	renvoi vers ocimum gratissimum	basilic suave
ocimum flexuosum	renvoi vers ocimum sanctum	baumier (nom erroné)
ocimum frutescens	renvoi vers perilla frutescens	clocimum (nom erroné et confusif)
ocimum frutescens sensu	renvoi vers ocimum sanctum	grand framboisin (Antilles)
ocimum gratissimum	geniosporum discolor ocimum dalabaense ocimum gratissimum l subsp iringense ocimum superbum ocimum trichodon	basilic clocimum clocimum basilic en arbre basilic à fleurs jaune-verdâtre-pâle basilic africain basilic à thymol menthe gabonaise thé de Gambie (nom confusif)
ocimum gratissimum l subsp iringense	renvoi vers ocimum gratissimum	
ocimum gratissimum sensu	renvoi vers ocimum sanctum	
ocimum hirsutum	renvoi vers ocimum sanctum	
ocimum inodorum	renvoi vers ocimum sanctum	
ocimum monachorum	renvoi vers ocimum sanctum	
ocimum sanctum	geniosporum tenuiflorum ocimum album ocimum brachiatum ocimum flexuosum ocimum frutescens sensu ocimum gratissimum sensu ocimum hirsutum ocimum inodorum ocimum monachorum ocimum tenuiflorum ocimum tomentosum ocimum villosum ocimum virgatum plectranthus monachorum plectranthus striatus	basilic tulsi basilic saint basilic sacré tulsi basilic thaïlandais
ocimum superbum	renvoi vers ocimum gratissimum	
ocimum tenuiflorum	renvoi vers ocimum sanctum	
ocimum thyrsiflorum	renvoi vers ocimum basilicum	
ocimum tomentosum	renvoi vers ocimum sanctum	
ocimum trichodon	renvoi vers ocimum gratissimum	

ocimum villosum	renvoi vers ocimum sanctum	
ocimum virgatum	renvoi vers ocimum sanctum	
ocotea caudata		bois de rose de Cayenne bois de rose de Guyane
ocotea cymbarum	renvoi vers ocotea preciosa	
ocotea odorifera	renvoi vers ocotea preciosa	
ocotea preciosa	ocotea cymbarum ocotea odorifera	ocotéa précieux
octoclinis backhousii	renvoi vers callistris glaucophylla	
opopanax chironium	laserpitium chironium pastinaca opopanax	opopanax de Chiron (et pas opoponax)
origanum compactum		origan à inflorescences compactes origan compact
origanum creticum	renvoi vers origanum vulgare	
origanum dictamnifolium	renvoi vers dictamnus creticus	
origanum dictamnus	renvoi vers dictamnus creticus	
origanum heracleoticum	origanum albiflorum origanum angustifolium origanum viride	origan vert origan de Grèce (nom partagé avec origanum hirtum)
origanum latifolium	renvoi vers origanum vulgare	
origanum majorana	renvoi vers majorana hortensis	
origanum vulgare	origanum creticum origanum latifolium origanum vulgaris thymus origanum (nom faux)	origan vulgaire origan commun origan sauvage (nom confusif) marjolaine sauvage marjolaine bâtarde
origanum vulgaris	renvoi vers origanum vulgare	
ormenis mixta	anthemis mixta chamaemelum mixtum chamaemelum ormensis ormenis multicaulis	orménie à fleurs mixtes camomille mixte camomille marocaine anthémis panachée camomille sauvage (nom partagé)
ormenis multicaulis	renvoi vers ormenis mixta	
ormenis nobilis	renvoi vers anthemis nobilis	
osmanthus fragrans		osmanthe osmanthus odorant olivier odorant (nom erroné)
panax quinquefolius		ginseng d'Amérique
pandanus fascicularis	pandanus odoratissimus (nom illégitime) pandanus odorifer pandanus odoriferus	arbre-parasol kewda kewra hala ketaki
pandanus tectorius	pandanus veitchii	vacouet vacquoi baquoi
pandanus veitchii	renvoi vers pandanus tectorius	
paramammea longifolia	renvoi vers mammea longifolia	
parthenoxylon porrectum	renvoi vers cinnamomum parthenoxylon	
pastinaca divaricata	renvoi vers pastinaca sativa	
pastinaca esculenta	renvoi vers pastinaca sativa	
pastinaca opaca	renvoi vers pastinaca sativa	
pastinaca opopanax	renvoi vers opopanax chironium	
pastinaca sativa	pastinaca divaricata pastinaca esculenta (nom illégitime) pastinaca opaca pastinaca umbrosa	panais cultivé panais panet pastenade

	pastinaca urens	pastenaque racine-blanche grand chervis
pastinaca umbrosa	renvoi vers pastinaca sativa	
pastinaca urens	renvoi vers pastinaca sativa	
patrinia jatamansi	renvoi vers nardostachys jatamansi	
pelargonium capitatum		pélargonium (indifféremment rosat ou bourbon)
pelargonium graveolens		pélargonium (indifféremment rosat ou bourbon)
pelargonium odoratissimum		pélargonium à odeur de pomme
pelargonium peltatum		pélargonium-lierre
pelargonium radens	pelargonium radula	pélargonium du Kenya
pelargonium radula	renvoi vers pelargonium radens	
pelargonium tomentosum		pélargonium tomenteux pélargonium mentholé pélargonium à iso-menthone pélargonium menthone pélargonium menthe
pelargonium x asperum		pélargonium (indifféremment rosat ou bourbon)
pelargonium x fragrans (extipulatum x odoratissimum)		pélargonium zonal
pelargoniums toutes espèces dont surtout p capitatum, p graveolens, p x asperum		pélargonium
		« géranium » est un faux nom le terme bourbon désigne l'origine de l'île de la Réunion le terme rosat ne désigne rien au niveau botanique ou chimique
perilla frutescens	melissa cretica (nom illégitime) melissa maxima (nom illégitime) mentha perilloides (nom illégitime) ocimum frutescens (nom illégitime) perilla nankinesis perilla ocimoides perilla ocymoides perilla urticaefolia	pérille verte de Chine pérille verte sauvage shiso mélisse verte sauvage (nom illégitime)
perilla nankinesis	renvoi vers perilla frutescens	
perilla ocimoides	renvoi vers perilla frutescens	
perilla ocymoides	renvoi vers perilla frutescens	
pernambuco jaborandi	renvoi vers pilocarpus jaborandi	
pernambuco pennatifolius	renvoi vers pilocarpus pennatifolius	
perovskia atriplicifolia		perovskia à feuille d'arroche perowskia avec un w parfois à la française sauge d'Afganistan (nom faux) sauge russe (nom faux)
petasites hybridus var hybridus	petasites officinalis petasites officinalis var hybridus	grand pétasite pétasite commun pétasite officinal pétasite hybride
petasites officinalis	renvoi vers petasites hybridus var hybridus	
petasites officinalis var hybridus	renvoi vers petasites hybridus var hybridus	
petroselinum crispum	apium crispum (nom illégitime)	persil frisé
petroselinum hortense foliosum	renvoi vers petroselinum sativum	
petroselinum sativum	apium latifolium (nom illégitime)	persil cultivé

	apium petroselinum (nom illégitime) carum petroselinum petroselinum hortense foliosum	persil plat
peucedanum graveolens	renvoi vers anethum graveolens	
peucedanum sowa	renvoi vers anethum sowa	
peumus boldus	renvoi vers boldea fragrans	
phalaris zizanoides	renvoi vers chrysopogon zizanoides	
picea abies	picea excelsea	épicéa commun épicéa européen pesse épinette européenne « sapin » rouge (nom faux)
picea alba	renvoi vers picea glauca	
picea canadensis	renvoi vers picea glauca	
picea excelsea	renvoi vers picea abies	
picea glauca	picea alba picea canadensis	épinette blanche épicéa blanc sapinette blanche
picea mariana	picea nigra	épinette noire épicéa noir
picea nigra	renvoi vers picea mariana	
picea parryana	renvoi vers picea pungens	
picea pungens	picea parryana	épinette bleue épicéa bleu épicéa du Colorado « sapin » bleu (nom faux)
picea rubens		épicéa rouge épinette rouge
pilocarpus cearensis	renvoi vers pilocarpus trachylophus	
pilocarpus jaborandi	pernambuco jaborandi pilocarpus officinalis pilocarpus pennatifolius (synonymie incertaine)	jaborandi de Pernambouc jaguarandy
pilocarpus microphyllus	pilocarpus jaborandi (synonymie incertaine)	jaborandi à petites feuilles jaborandi de Maranham
pilocarpus officinalis	renvoi vers pilocarpus jaborandi	
pilocarpus pennatifolius	pernambuco pennatifolius pilocarpus jaborandi (synonymie incertaine)	jaborandi à feuille pennées jaborandi du Paraguay
pilocarpus racemosus		flambeau Caraïbe
pilocarpus spicatus		jaborandi d'Aracaty
pilocarpus trachylophus	pilocarpus cearensis	jaborandi de Ceara
pimenta acris	renvoi vers pimenta racemosa	
pimenta dioica	pimenta officinalis	quatre-épices piment de la Jamaïque bay Saint-Thomas (nom faux : pimenta racemosa)
pimenta officinalis	renvoi vers pimenta dioica	
pimenta racemosa	caryophyllus racemosus pimenta acris	bay Saint-Thomas bay quatre-épices (nom faux : pimenta dioica)
pimpinella anisum	renvoi vers pimpinella sativa	
pimpinella sativa	pimpinella anisum en est une variété sauvage	anis vert anis officinal anis sucré anis cultivé anis musqué

		cumin doux (nom faux)
		cumin sucré (nom faux)
		pimprenelle anisée (nom faux)
		pimprenelle d'Egypte (nom faux)
pinus cembra		pin cembrot
		pin cembrat
		arolle
		alvier
pinus halepensis	renvoi vers pinus halopensis	
pinus halopensis	pinus halepensis	pin d'Alep
		pin de Jérusalem
pinus longifolia	renvoi vers pinus palustris	
pinus maritima	renvoi vers pinus pinaster	
pinus montana	pinus montana subsp mughus	pin mugo
	pinus mugo	pin couché
		pin rampant
		pin des montagnes (nom parfois confusif avec pinus monticola)
pinus montana subsp mughus	renvoi vers pinus montana	
pinus montana uncinata	renvoi vers pinus uncinata	
pinus montana var pumilio	renvoi vers pinus mugo var pumilio	
pinus mugo	renvoi vers pinus montana	
pinus mugo var pumilio	pinus montana var pumilio	pin pumilio
pinus mugo var rostrata	renvoi vers pinus uncinata	
pinus nigra austriaca	renvoi vers pinus nigra nigra	
pinus nigra laricio	pinus nigra ssp salzmanii var corsicana	pin de Corse
		pin laricio
pinus nigra nigra	pinus nigra austriaca	pin noir d'Espagne
	pinus nigra ssp nigra var nigra	
pinus nigra ssp nigra var nigra	renvoi vers pinus nigra nigra	
pinus nigra ssp salzmanii var corsicana	renvoi vers pinus nigra laricio	
pinus palustris	pinus longifolia	pin des marais
		pin à longues feuilles
pinus pinaster	pinus maritima	pin maritime
		pin des Landes
pinus ponderosa		pin pondéreux
		pin lourd
		pin à bois lourd
		pin jaune de l'ouest
		pin jaune des montagnes rocheuses
		pin jaune du nouveau monde
		pin de Patagonie (nom faux)
pinus resinosa		pin rouge
		« épinette » rouge (nom faux)
pinus stroba	renvoi vers pinus strobus	
pinus strobus	pinus stroba	pin blanc
		pin de Weymouth
pinus sylvestris		pin sylvestre
		pin de Norvège
		pin d'Ecosse
pinus uncinata	pinus montana uncinata	pin crochu
	pinus mugo var rostrata	pin à crochets
piper aromaticum	renvoi vers piper nigrum	
piper betel	renvoi vers piper betle	
piper betle	chavica auriculata (synonymie incertaine)	bétel
	chavica betle	poivre bétel
	piper betel	poivrier bétel
piper cubeba	cubeba officinalis	poivre cubèbe
		poivre à queue

		poivre pédicillé (ancien nom)
		cubèbe (nom confusif)
		poivre de Java (nom confusif)
piper jaborandii	chavica roxburghii	poivre long
	piper longum	
piper longum	renvoi vers piper jaborandii	
piper nigrum	piper aromaticum	poivre noir
		poivre commun
		poivrier noir
		poivre blanc (poivre noir sans sa coque)
pistacia lentiscus		pistachier lentisque
		lentisque pistachier
		mastic
		arbre au mastic
pistacia mutica	renvoi vers pistacia terebinthus	
pistacia oleosa	renvoi vers schleichera trijuga	
pistacia terebintha	pistacia terebinthus	
pistacia terebinthus	pistacia mutica	pistachier térébinthe
	pistacia terebintha	térébinthe (nom confusif)
pittosporum undulatum		pittosporum ondulé
platycodus orientalis	biota orientalis	platycodus oriental
	thuja orientalis (nom faux)	thuya oriental
		thuya de Chine
		thuya d'Orient
plectranthus amboinicus	coleus aromaticus	origan mexicain (nom impropre et partagé)
plectranthus behrii	renvoi vers plectranthus fruticosus	
plectranthus barrelieri	renvoi vers ocimum basilicum	
plectranthus charianthus	renvoi vers plectranthus fruticosus	
plectranthus fruticosus	germanea urticifolia	plectranthus
	plectranthus arthropodus	
	plectranthus behrii	
	plectranthus charianthus	
	plectranthus galpinii	
	plectranthus peglerae	
	plectranthus urticifolius	
plectranthus galpinii	renvoi vers plectranthus fruticosus	
plectranthus monachorum	renvoi vers ocimum sanctum	
pletranthus patchoulii	renvoi vers microtoena patchoulii	
plectranthus peglerae	renvoi vers plectranthus fruticosus	
plectranthus striatus	renvoi vers ocimum sanctum	
plectranthus urticifolius	renvoi vers plectranthus fruticosus	
pluchea grevei		famontilahy
		famonty (confusif avec pluchea bojeri)
		samonty
plumeria alba		frangipane
		frangipanier
pogostemon cablin	pogostemon patchouli	patchouli
		putchaput
pogostemon heyneanus		patchouli de Java
pogostemon patchouli	renvoi vers pogostemon cablin	
polianthes gracilis	renvoi vers polianthes tuberosa	
polianthes tuberosa	agave polianthes	tubéreuse
	agave tuberosa	
	crinum angustifolium	
	polianthes gracilis	
	tuberosa amica	
poliomintha longiflora		origan mexicain (nom impropre et partagé)
polygonum odoratum	persicaria odorata	keson

	synonymie incertaine avec polygonum persicaria qui a beaucoup de synonymes	poivre d'eau (nom faux)
		renouée odorante (nom faux)
		menthe vietnamienne (nom faux)
pongamia glabra	renvoi vers millettia pinnata	
pongamia mitis	renvoi vers millettia pinnata	
pongamia pinnata	renvoi vers millettia pinnata	
populus balsamifera	populus tacamahacca (ancien nom)	peuplier baumier
		tacamahac
porrum cepa	renvoi vers allium cepa	
porrum commune	renvoi vers allium ampeloprasum var porrum	
porrum sativum	renvoi vers allium ampeloprasum var porrum	
prostanthera melissifolia		prostanthera à feuilles de mélisse
		baume australien (nom confusif)
		menthe du bush à feuilles de mélisse (nom confusif)
protium carana		carana-élémi
protium phyllum		almesseya-élémi
prunus amygdalus var amara	renvoi vers prunus dulcis var amara	
prunus dulcis var amara	amygdalus communis var amara	amande amère
	amygdalus sativa	amandier amer
	cerasus dulcis	amandier commun
	druparia amygdalus	
pseudotsuga douglasii var glauca	renvoi vers pseudotsuga menziesii var glauca	
pseudotsuga douglasii var menziesii	renvoi vers pseudotsuga menziesii var menziesii	
pseudotsuga menziesii var glauca	pseudotsuga douglasii var glauca	douglas bleu
		douglas glauque
pseudotsuga menziesii var menziesii	pseudotsuga douglasii var menziesii	douglas vert
		« pin » d'Oregon (nom faux)
		« pin » douglas (nom faux)
		« sapin » douglas (nom faux)
		pseudopruche douglas vert
		« pin » douglas (nom faux)
		« sapin » douglas (nom faux)
psiadia altissima		iary
		dingadingana
		arina
		mantavazana
		tsidingadingana
psidium aromaticum	renvoi vers psidium guajava	
psidium cattleianum	renvoi vers psidium littorale	
psidium chinense	renvoi vers psidium littorale	
psidium coriaceum	renvoi vers psidium littorale	
psidium fragrans	renvoi vers psidium guajava	
psidium guajava	psidium fragrans	goyave commune (nombreuses variétés)
	psidium pyriferum	goyave (nombreuses variétés)
	psidium pomiferum	gouyave (nombreuses variétés)
	psidium sapidissimum	goyavier commun (nombreuses variétés)
	psidium aromaticum	goyavier (nombreuses variétés) (nom partagé)
	guaiava pyriformis	
	guajava pyrifera	
psidium humile	renvoi vers psidium littorale	

psidium littorale	psidium cattleianum psidium humile psidium variabile psidium coriaceum psidium chinense	goyavier de Chine goyavier-fraise goyave-fraise goyave de chine goyavier (nom à la Réunion, confusif) Tsongoma (Comores)
psidium pomiferum	renvoi vers psidium guajava	
psidium pyriferum	renvoi vers psidium guajava	
psidium sapidissimum	renvoi vers psidium guajava	
psidium variabile	renvoi vers psidium littorale	
pterocarpus santalinus	lignum rubrum (ancien nom) lingoum santalinum santalum rubrum (ancien nom faux)	ptérocarpe rouge chandanam panaka rakthachandana santalum à teinture santalum des ébénistes santal pourpre (faux nom) santal rouge (faux nom)
ptychosis ajowan	renvoi vers trachyspermum ammi	
pycreus rotundus	renvoi vers cyperus rotundus	
pyrethrum majus	renvoi vers chrysanthemum balsamita	
pyrethrum parthenium	renvoi vers tanacetum parthenium	
radicula armoracia	renvoi vers cochlearia armoracia	
ravensara anisata	renvoi vers agatophyllum aromatica cortex	
ravensara aromatica cortex	renvoi vers agatophyllum aromatica cortex	
ravensara aromatica foliae	renvoi vers agatophyllum aromatica foliae	
rhodiola rosea		rhodiola à odeur de rose
rhododendron anthopogon		rhododendron anthopogon
rhododendron groenlandicum	ledum groenlandicum (ancien nom) ledum palustre ssp groenlandicum ledum palustre var latifolium	rhododendron du Groenland lédon du Groenland thé du Labrador
rhus cotinus	cotinus coggygria (fausse synonymie)	sumac cotinus arbre à perruques (nom faux : cotinus coggygria) cotinus (nom faux : cotinus coggygria) fustet (nom faux : cotinus coggygria)
rhus taratana		issa heissa malemilahy taratana voretra
rorippa armoracia	renvoi vers cochlearia armoracia	
rosa alba	rosa damascena var alba	rose blanche
rosa centifolia		rose cent feuilles rose de mai
rosa damascena		rose de Damas rose damascène rose des quatre saisons rose rouge de Damas
rosa damascena var alba	renvoi vers rosa alba	
rosa gallica		rose de Provins
rosmarinus coronarium	renvoi vers rosmarinus officinalis officinalis	
rosmarinus officinalis humulis	renvoi vers rosmarinus officinalis var lavendulaceus	
rosmarinus officinalis officinalis	rosmarinus coronarium	chémotypes différents romarin officinal

		romarin commun
		herbe aux couronnes
		herbe aux troubadours
		rose marine (nom confusif)
		roumaniéou
		encensier (nom confusif)
rosmarinus officinalis officinalis camphoriferum		romarin à bornéone
		romarin à camphre
		romarin CT bornéone
		romarin CT camphre
rosmarinus officinalis officinalis cineoliferum		romarin à cinéole
		romarin CT cinéole
rosmarinus officinalis officinalis verbenoniferum		romarin à verbénone
		romarin CT verbénone
rosmarinus officinalis procumbens	renvoi vers rosmarinus officinalis var lavendulaceus	
rosmarinus officinalis var angustifolia	rosmarinus tenuifolia	romarin-pin
rosmarinus officinalis var lavendulaceus	rosmarinus officinalis humulis	romarin prostré
	rosmarinus officinalis procumbens	
rosmarinus pyramidalis		romarin des montagnes
rosmarinus tenuifolia	renvoi vers rosmarinus officinalis var angustifolia	
rudbeckia purpurea	renvoi vers echinacea purpurea	
ruta graveolens		rue fétide
		rue officinale
		rue des jardins
		herbe de grâce
		herbe de la rue
sabina cucumina	renvoi vers juniperus sabina	
salvia apiana		sauge blanche
salvia divinorum		sauge divinatoire
salvia fruticosa		sauge de Grèce
		thé de Grèce
salvia lavandulaefolia	renvoi vers salvia lavandulifolia	
salvia lavandulifolia	salvia lavandulaefolia	sauge à feuilles de lavande
		sauge d'Espagne
salvia officinalis	herba sacra	sauge officinale
	salvia officinalis var officinalis	sauge commune
		sauge franche
		saudzette
		serve
		sauge (nom confusif)
		charva
		herbe de Jupiter
		herbe sacrée
		thé de Provence
		thé d'Europe (nom confusif)
		thé sacré
salvia officinalis sclarea	renvoi vers salvia sclarea	
salvia officinalis var officinalis	renvoi vers salvia officinalis	
salvia pratensis		sauge des prés
		sauge des prairies
salvia sclarea	salvia officinalis sclarea	sauge sclarée
		toute bonne
		orvale
		herbe aux plaies

santalum album		santal blanc santal de Mysore bois de santal blanc bois de santal du Mysore arbre à baumes (nom confusif)
santalum australocaledonicum		santal de Nouvelle-Calédonie santal du Pacifique
santalum cygnorum	renvoi vers eucarium spicatum	
santalum diversifolium	renvoi vers eucarium spicatum	
santalum rubrum	renvoi vers pterocarpus santalinus	
santalum spicatum	renvoi vers eucarium spicatum	
santolina chamaecyparisus		santoline petit-cyprès sanguenite
sarothamnus scoparius	cytisus scoparius spartium junceum	sarothamne à balais genêt à balais genette brande
sassafras albidum	sassafras officinalis sassafras variifolium (nom ancien)	sassafras blanc sassafras à feuilles variables filé laurier des Iroquois
sassafras officinalis	renvoi vers sassafras albidum	
sassafras parthenoxylon	renvoi vers cinnamomum parthenoxylon	
sassafras variifolium	renvoi vers sassafras albidum	
satureja capitata	renvoi vers corydothymus capitatum	
satureja hortensis		sarriette des jardins sarriette d'été
satureja montana		sarriette des montagnes sarriette d'hiver sarriette vivace
satureja ssp		sarriettes, toutes saveur herbe de Saint-Julien pèbre d'ail poivre d'ail sauge des pauvres (nom faux)
saussurea costus	aucklandia costus saussurea lappa	saussurée costus
saussurea lappa	renvoi vers saussurea costus	
scandix cerefolium	renvoi vers anthriscus cerefolium	
schimmelia oleifera	renvoi vers amyris balsamifera	
schinus angustifolius	renvoi vers schinus molle	
schinus areira	renvoi vers schinus molle	
schinus chichita	renvoi vers schinus terebinthifolius	
schinus huygan	renvoi vers schinus molle	
schinus molle	schinus angustifolius schinus areira schinus huygan schinus occidentalis	faux-poivrier de Californie molée des jardins poivrier californien (nom faux) faux-poivrier (nom insuffisant) mastic péruvien (nom faux) baie rose de Californie (nom confusif)
schinus mucronulata	renvoi vers schinus terebinthifolius	
schinus occidentalis	renvoi vers schinus molle	
schinus raddiana	renvoi vers schinus terebinthifolius	
schinus riedeliana	renvoi vers schinus terebinthifolius	
schinus selloana	renvoi vers schinus terebinthifolius	
schinus terebinthifolius	schinus chichita schinus mucronulata	faux-poivrier du Brésil aroeira

	schinus raddiana	poivre de Bourbon (nom faux)
	schinus riedeliana	poivre rose (nom faux)
	schinus selloana	poivrier du Brésil (nom faux)
	schinus weinmaniifolius	baie rose du Brésil (nom confusif)
	schinus damaziana	
schinus weinmaniifolius	renvoi vers schinus terebinthifolius	
schinusdamaziana	renvoi vers schinus terebinthifolius	
schleichera aculeata	renvoi vers schleichera trijuga	
schleichera oleosa	renvoi vers schleichera trijuga	
schleichera pubescens	renvoi vers schleichera trijuga	
schleichera trijuga	cussambium oleosum	macassar
	pistacia oleosa	quenettier rose
	schleichera aculeata	chêne de Ceylan (nom faux)
	schleichera oleosa	
	schleichera pubescens	
scilla coronaria	renvoi vers hyacinthus orientalis	
scilla nutans (nom faux)	renvoi vers hyacinthus orientalis	
seriphidium herba-alba	renvoi vers artemisa herba-alba	
siler gallicum	renvoi vers laserpitium gallicum	
sinapis nigra	renvoi vers brassica nigra	
sison ammi	renvoi vers trachyspermum ammi	
skimmia laureola	limonia laureola	skimmia à feuiles de laurier (nomenclature acceptée ?)
	skimmia melanocarpa	
skimmia melanocarpa	renvoi vers skimmia laureola	
solidago canadensis		solidage du Canada verge d'or du Canada gerbe d'or
solidago puberula		solidage pubérulent verge d'or pubérulente
solidago virga-aurea		solidage verge d'or verge d'or baguette d'Aaron
spartium junceum	renvoi vers sarothamnus scoparius	
spirea ulmaria	renvoi vers filipendula ulmaria	
styrax benzoe	styrax benzoin styrax subnivea	benjoin à gomme benjoin (nom insuffisant) styrax (nom insuffisant) onycha benjoin de Sumatra (nom faux et confusif)
styrax benzoin	renvoi vers styrax benzoe	
styrax macrothyrsus	renvoi vers styrax tonkinensis	
styrax officinalis		aliboufier styrax officinal
styrax paralleloneurus	styrax sumatranus	benjoin de Sumatra baume de Sumatra
styrax ssp	benjoin (tous)	baume pulmonaire baume du moine
styrax subnivea	renvoi vers styrax benzoe	
styrax sumatranus	renvoi vers styrax paralleloneurus	
styrax tonkinensis	styrax macrothyrsus	benjoin du Siam benjoin du Laos benjoin du Vietnam baume du Siam
synchodendron hutchinsii	renvoi vers brachylaena hutchinsii	
syringa spp		lila
syzygium aromaticum	eugenia caryophylla (ancien nom)	giroflier girofle clou de girofle (une partie de la plante)

		griffes de girofle (une partie de la plante)
tabacum nicotiana	renvoi vers nicotiana tabacum	
tagetes glandulifera		tagète glanduleuse
tagetes lunulata	renvoi vers tagetes patula	
tagetes microglossa	renvoi vers tagetes tenuifolia	
tagetes minuta		petite tagète
tagetes patula	tagetes lunulata	tagète souci-français œillet d'Inde (nom faux) souci français (nom faux)
tagetes signata	renvoi vers tagetes tenuifolia	
tagetes tenuifolia	tagetes microglossa tagetes signata	tagète à petites feuilles
tanacetum annuum		tanaisie annuelle
tanacetum parthenium	chrysanthemum parthenium (ancien nom) leucanthemum parthenium matricaria odorata matricaria parthenium pyrethrum parthenium	chrysanthème du parthénon (ancien nom) chrysanthème parthénium (ancien nom) espargoulette herbe à vers (nom partagé) grand chrysanthème (nom partagé) malherbe mandiane tanaisie parthénium grande camomille (nom faux)
tanacetum vulgare	chrysanthemum vulgare (nom faux)	tanaisie vulgaire tanacée herbe de Saint-Marc barbaline barbotine herbe sainte (nom partagé et confusif)
taraktogenos kurzii	hydnocarpus laurifolius	chaulmogra
taxandria fragrans	agonis fragrans	taxandria fragrant agonis fragrant fragonia® (n'est qu'un cultivar spécifique)
teclea boiviniana	renvoi vers vepris madagascariensis	
teclea johannensis	renvoi vers vepris madagascariensis	
tenaria fruticosa	renvoi vers bupleurum fruticosum	
terebinthus aloexylon	renvoi vers bursera aloexylon	
tessenia canadensis	renvoi vers coniza canadensis	
tessenia linifolia	renvoi vers coniza bonariensis	
teucrium chamaedrys		germandrée petit-chêne chasse-fièvre chênette sauge amère (nom confusif) thériaque d'Angleterre
teucrium flavum subsp flavum		germandrée jaune
teucrium flavum subsp glaucum		germandrée glauque
teucrium marum		germandrée des chats germandrée marum herbe aux chats (nom partagé) thym des chats (nom erroné)
thea sinensis	camellia sinensis	
theobroma cacao		cacao chocolat (nom d'un produit du)
thuja californica	renvoi vers thuja plicata	
thuja craigiana	renvoi vers calocedrus decurrens	
thuja japonica	renvoi vers thuja standichii	
thuja japonica	renvoi vers thujopsis dolobrata	

thuja malonyana		thuya malonyana
thuja occidentalis	arbor vitae	thuya occidental
		thuya du Canada
		thuya (nom insuffisant)
thuja orientalis	renvoi vers platycodus orientalis	
thuja plicata	thuja californica	thuya géant de Californie
		thuya géant
		thuya de Lobb
		« cèdre » rouge de l'Ouest
thuja standichii	thuja japonica	thuya du Japon
thujopsis borealis	renvoi vers cupressus nootkatensis	
thujopsis cupressoides	renvoi vers cupressus nootkatensis	
thujopsis dolobrata	thuja japonica (nom faux)	thuyopsis
		hiba
		dolobrata
thymbra capitata	renvoi vers corydothymus capitatum	
thymus baeticus		thym de la Bétique
thymus capitans	renvoi vers corydothymus capitatum	
thymus capitatus	renvoi vers corydothymus capitatum	
thymus citriodorus	thymus pulegioides x vulgaris	thym citronné
	thymus vulgaris limonen (nom faux)	thym citron
thymus herba-barona		thym de Corse
		thym à senteur de carvi
		thym carvi
		herbe à barons
		erba barona
		timu (en Corse)
thymus hirtus		thym hérissé
thymus mastichana cineoliferum	majorana sylvestris lazaro (nom faux)	thym sauvage d'Espagne à cinéole
		thym à senteur de lavande à cinéole
		thym sauvage (nom confusif)
		marjolaine sylvestre à cinéole (nom faux)
thymus mastichana linaloliferum	majorana sylvestris lazaro (nom faux)	thym sauvage d'Espagne à linalol
		thym à senteur de lavande à linalol
		marjolaine sylvestre à linalol (nom faux)
thymus origanum	renvoi vers origanum vulgare	
thymus pulegioides x vulgaris	renvoi vers thymus citriodorus	
thymus satureioides borneoliferum		thym à feuilles de sarriette à bornéol
		thym saturéioïde à bornéol
		thym blanc à bornéol (nom confusif)
		thym à bornéol (nom insuffisant)
thymus satureioides carvacroliferum		thym à feuilles de sarriette à carvacrol
		thym saturéioïde à carvacrol
		thym blanc à carvacrol (nom confusif)
		thym à carvacrol (nom insuffisant)
thymus serpyllum		thym serpolet
		serpolet
		pillolet
		thym des montagnes
		serpoule
		thym des champs
		thym bâtard
		thym blanc (nom confusif)
		thym sauvage (nom confusif)
		poulliet
		thé des bergères
thymus spp		thyms
		farigoule

		pote
thymus vulgaris carvacroliferum		thym vulgaire à carvacrol thym rouge (nom confusif)
thymus vulgaris geranioliferum		thym vulgaire à géraniol thym doux à géraniol
thymus vulgaris limonen	renvoi vers thymus citriodorus	renvoi vers
thymus vulgaris linaloliferum		thym vulgaire à linalol thym doux à linalol
thymus vulgaris paracymeniferum		thym vulgaire à paracymène thym doux à paracymène
thymus vulgaris ssp CT		thym vulgaire thym maraîcher farigoule (nom insuffisant)
thymus vulgaris thujanoliferum		thym vulgaire à thujanol-4 thym doux à thujanol-4
thymus vulgaris thymoliferum		thym vulgaire à thymol thym à thymol (nom insuffisant) thym fort (nom insuffisant) thym rouge (nom confusif)
thymus zygis		thym zygis thym d'Espagne (nom confusif) thym rouge (nom confusif)
tilia cordata	tilia parvifolia tilia ulmifolia	tilleul à petites feuilles tillau tillet thé d'Europe (nom confusif)
tilia heterophylla	renvoi vers tilia x vulgaris	
tilia parvifolia	renvoi vers tilia cordata	
tilia platyphyllos		tilleul à grandes feuilles
tilia sylvestris		tilleul sylvestre
tilia ulmifolia	renvoi vers tilia cordata	
tilia x hybrida	renvoi vers tilia x vulgaris	
tilia x vulgaris	tilia cordata x platyphyllos tilia heterophylla (synonymie incertaine, souvent classé en tant que tilia amiracana var heterophylla) tilia x hybrida	tilleul commun tilleul hybride
toluifera balsamum	renvoi vers myroxylon balsamum var balsamum	
toluifera pereira	renvoi vers myroxylon balsamum var pereirae	
trachelospermum jasmidoides		trachelospermum-jasmin jasmin étoilé (faux nom)
trachypogon hirtus	renvoi vers hyparrhenia hirta subsp hirta	
trachyspermum ammi	bunium copticum carum ajowan carum copticum ptychosis ajowan sison ammi trachyspermum copticum	ajowan sison anis des Indes (nom faux) carvi tropical (nom faux) ammi (nom confusif)
trachyspermum copticum	renvoi vers trachyspermum ammi	
trigonella foenum-graecum	trigonella graeca trigonella tibetana	fénugrec trigonelle foin grec
trigonella graeca	renvoi vers trigonella foenum-graecum	
trigonella tibetana	renvoi vers trigonella foenum-graecum	
trilisa odoratissima	renvoi vers carpherophorus odoratissimus	
tsuga canadensis		pruche de l'Est

Les Répertoires Böhning des huiles essentielles   Marc Ivo Böhning

		tsuga du Canada
tsuga caroliniana		pruche de Caroline
tsuga heterophylla		pruche de l'Ouest
		pruche de Californie
tsuga mertensiana		pruche des montagnes
		pruche subalpine
tuberosa gracilis	renvoi vers polianthes tuberosa	
unona odoratissima	renvoi vers cananga odorata var genuina	
urtica dioica		grande ortie
		ortie dioïque
valeriana dioica	valeriana palustre	valériane des marais
		valériane dioïque
valeriana fauriei		valériane fauriei
valeriana italica		valériane italienne
valeriana jatamansi	renvoi vers nardostachys jatamansi	
valeriana officinalis		valériane officinale
valeriana officinalis var latifolia		valériane officinale à feuilles larges
valeriana palustre	renvoi vers valeriana dioica	valériane tubéreuse
valeriana tuberosa		
valeriana walichii		valériane des Indes
vanilla aromatica	renvoi vers vanilla planifolia	
vanilla fragrans	renvoi vers vanilla planifolia	
vanilla planifolia	myrobroma fragrans	vanille commune
	notylia planifolia	vanillier commun
	vanilla aromatica	vanille (nom insuffisant)
	vanilla fragrans	vanillier (nom insuffisant)
	vanilla sativa	
	vanilla viridiflora	
vanilla planifolia var angusta	renvoi vers vanilla tahitensis	
vanilla sativa	renvoi vers vanilla planifolia	
vanilla sylvatica	renvoi vers vanilla tahitensis	
vanilla tahitensis	vanilla planifolia var angusta	vanille de Tahiti
	vanilla sylvatica	vanillier de Tahiti
	vanilla tiarei	
vanilla tiarei	renvoi vers vanilla tahitensis	
vanilla viridiflora	renvoi vers vanilla planifolia	
vepris boiviniana	renvoi vers vepris madagascariensis	
vepris madagascariensis	diphasia madagascariensis	anzety
	vepris boiviniana	anisety
	euodia boiviniana (ancien nom)	laposintiala
	teclea boiviniana (ancien nom)	maingitsangeala
	teclea johannensis (ancien nom)	tolongoala
verbascum thapsus		molène thapsus
		grande molène
		bouillon blanc
		cierge de notre-dame
		molène (nom insuffisant)
		molène à feuilles épaisses (ssp montanum)
		mullein
verbena officinalis		verveine officinale
		verveine commune
verbena triphyllia	renvoi vers lippia citriodora	
vetiveria zizanoides	renvoi vers chrysopogon zizanoides	
viola odorata		violette douce
		violette (nom insuffisant)
		viole de mars
		jacée de printemps (nom erroné)
viscum album		gui

vitex agnus-castus		gattilier agneau chaste poivre des moines
wistaria sinensis	wisteria sinensis	glycine
wisteria sinensis	renvoi vers wistaria sinensis	
xanthocyparis nootkatensis	renvoi vers cupressus nootkatensis	
xanthoxylum piperitum	renvoi vers zanthoxylum piperitum	
xylopia aethiopica		poivre de guinée
xylopia undulata	renvoi vers monodora myristica	
zanthoxylum acanthopodium		zanthoxyle acanthopodium
zanthoxylum alatum	renvoi vers zanthoxylum armatum	
zanthoxylum argyi	renvoi vers zanthoxylum simulans	
zanthoxylum armatum	zanthoxylum alatum zanthoxylum planispinum	clavalier armatum zanthoxyle armatum timur
zanthoxylum budrunga	renvoi vers zanthoxylum rhetsa	
zanthoxylum bungeanum	renvoi vers zanthoxylum simulans	
zanthoxylum bungei	renvoi vers zanthoxylum simulans	
zanthoxylum fagara	fagara affinis fagara culanthrillo fagara fagara fagara schinus	clavalier fagara zanthoxyle lime zanthoxyle fagara
zanthoxylum fraxinoides	renvoi vers zanthoxylum simulans	
zanthoxylum limonella	renvoi vers zanthoxylum rhetsa	
zanthoxylum nitidum	renvoi vers zanthoxylum simulans	
zanthoxylum piperitum	fagara piperita xanthoxylum piperitum zanthoxylum sansho	clavalier poivrier zanthoxyle poivre de sichuan (nom partagé) zanthoxyle poivre de szechuan (nom partagé) poivre de sichuan (nom partagé) poivre rouge (nom confusif) poivre anisé (nom confusif) poivre brun (nom confusif)
zanthoxylum planispinum	renvoi vers zanthoxylum armatum	
zanthoxylum rhetsa	fagara budrunga fagara rhetsa zanthoxylum budrunga zanthoxylum limonella	clavalier de l'Inde zanthoxyle rhetsa
zanthoxylum sansho	renvoi vers zanthoxylum piperitum	
zanthoxylum simulans	zanthoxylum argyi zanthoxylum bungeanum zanthoxylum bungei zanthoxylum nitidum zanthoxylum fraxinoides	clavalier de Bunge zanthoxyle poivre de szechuan (nom partagé) zanthoxyle poivre de sichuan (nom partagé) poivre de sichuan (nom partagé)
zappania citriodora	renvoi vers lippia citriodora	
zerumbet speciosum	renvoi vers alpinia zerumbet	
zingiber cassumnar	zingiber montanum (confirmation ces prochaines années)	cassumnar plai
zingiber montanum	renvoi vers zingiber cassumnar	
zingiber officinalis		gingembre

Répertoire de nomenclature d'aromathérapie par noms français

Noms français (vernaculaires)	Nom latin de référence
ABC (pour Australian Blue Cypress)	callitris intratropica
abrotone	artemisia abrotanum
absinthe	artemisia absinthum
absinthe africaine	artemisia afra
acacia à cachou	acacia catechu
acacia à gomme	acacia senegal
acacia Bernier	acacia dealbata
acacia noir	acacia decurrens
ache des marais	apium graveolens dulce
ache des montagnes	levisticum officinale
ache odorante	apium graveolens dulce
achillée de Ligurie	achillea ligustica
achillée millefeuille	achillea millefolium
achillée musquée	achillea moschata
acore aromatique	acorus calamus
acore odorant	acorus calamus
acore roseau	acorus calamus
acore vrai	acorus calamus
agaloche	aquilaria agalosha
agar	aquilaria agalosha
agaric	agaricus campester
agarwood	aquilaria agalosha
agatophylle aromatique écorce	agatophyllum aromatica cortex
agatophylle aromatique feuilles	agatophyllum aromatica foliae
agneau chaste	vitex agnus-castus
agonis fragrant	taxandria fragrans
agripaume cardiaque	leonurus cardiaca
agrumes	citrus spp
ahibero (nom commercial)	hyparrhenia hirta subsp hirta
aiguilles de notre dame	geranium robertianum
ail	allium sativum
ail civette	allium schoenoprasum
aillaume	inula helenium
ajowan	trachyspermum ammi
alang-ylang	cananga odorata var genuina
aliboufier	styrax officinalis
almesseya-élémi	protium phyllum
alvier	pinus cembra
alvuine	artemisia absinthum
amande amère	prunus dulcis var amara
amandier amer	prunus dulcis var amara
amandier commun	prunus dulcis var amara
ambaville jaune	hypericum lanceolatum
ambrette	abelmoschus moschatus
ammi (nom confusif)	trachyspermum ammi
ammi visnage	ammi visnaga
amome	elettaria cardamomum
amome de Madagascar	aframomum angustifolium
amour dans le brouillard	nigella damascena
amyris	amyris balsamifera
amyris baumier	amyris balsamifera
aneth des Indes	anethum sowa
aneth odorant	anethum graveolens
angélique à lobes aigus	angelica acutiloba
angélique américaine	angelica atropurpurea
angélique archangélique	angelica archangelica
angélique de Chine	angelica sinensis
angélique des bois	angelica sylvestris
angélique des jardins	angelica archangelica
angélique du Japon	angelica acutiloba
angélique glauque	angelica glauca
angélique officinale	angelica archangelica
angélique sauvage	angelica sinensis
angélique sylvestre	angelica sylvestris
angosture	angostura vera
anis cultivé	pimpinella sativa
anis de Espagne (nom erroné)	foeniculum vulgare var dulce
anis des Indes (nom faux)	trachyspermum ammi
anis des Vosges (nom erroné)	carum carvi
anis étoilé	illicium verum
anis musqué	pimpinella sativa
anis officinal	pimpinella sativa
anis sucré	pimpinella sativa
anis vert	pimpinella sativa
ansérine vermifuge	dysphania ambrosioides
anthémis noble	anthemis nobilis
anthémis odorante	anthemis nobilis
anthémis panachée	ormenis mixta
anthrisque commun	anthriscus cerefolium
anisety	vepris madagascariensis
anzety	vepris madagascariensis
araignée	nigella arvensis
arbre à baumes	santalum album
arbre à camphre australien	dryobalanops aromatica
arbre à curry	murraya koenigii
arbre à encens d'Afrique	boswellia frereana
arbre à encens de l'Inde	boswellia serrata
arbre à parfum	cananga odorata var genuina
arbre à perruques (nom faux : cotinus coggygria)	rhus cotinus
arbre au mastic	pistacia lentiscus
arbre-parasol	pandanus fascicularis
argousier	hippophae rhamnoides
arina	psiadia altissima
armoise (nom insuffisant)	artemisia vulgaris
armoise âcre	artemisia dracunculus
armoise amère	artemisia absinthum
armoise annuelle	artemisia annua
armoise arborescente	artemisia arborescens
armoise blanche (nom confusif)	artemisia herba-alba
armoise citronnelle	artemisia abrotanum

armoise commune	artemisia vulgaris
armoise du désert	artemisia herba-alba
armoise génépie (non-reconnu)	artemisia genepi
armoise herbe blanche	artemisia herba-alba
armoise romaine	artemisia pontica
armoise scoparia	artemisia scoparia
armoise vulgaire	artemisia vulgaris
arnica des montagnes	arnica montana
arnique des montagnes	arnica montana
aroeira	schinus terebinthifolius
arolle	pinus cembra
arquebuse (nom partagé)	artemisia abrotanum
arrow-root de l'Inde (nom faux)	curcuma ssp
asaret d'Europe	asarum europaeum
asaret du Canada	asarum canadense
asaret gingembre	asarum canadense
ase fétide	ferula asa-foetida
asperge de gueux (nom confusif)	humulus lupulus
asperge du pauvre (nom confusif)	allium ampeloprasum var porrum
asperge sauvage (nom confusif)	humulus lupulus
assam	microtoena patchoulii
aster de chien	inula helenium
aunée officinale	inula helenium
aurone	artemisia abrotanum
avoine	avena sativa
backhousia citronné	backhousia citriodora
badiane	illicium verum
baguette d'Aaron	solidago virga-aurea
balsamier de Tolu	myroxylon balsamum var balsamum
balsamier du Pérou	myroxylon balsamum var pereirae
balsamite	chrysanthemum balsamita
baquoi	pandanus tectorius
barbaline	tanacetum vulgare
barbe de capucin	nigella arvensis
barbon velu	hyparrhenia hirta subsp hirta
barbotine	tanacetum vulgare
basilic « classique »	ocimum basilicum
basilic à fleurs jaune-verdâtre-pâle	ocimum gratissimum
basilic à thymol	ocimum gratissimum
basilic africain	ocimum gratissimum
basilic citronné	ocimum basilicum var citriodorum
basilic clocimum	ocimum gratissimum
basilic de Ceylan	ocimum brachiatum
basilic de Nouvelle Guinée	ocimum bullatum
basilic doux à linalol	ocimum basilicum var basilicum linaloliferum
basilic en arbre	ocimum gratissimum
basilic exotique	ocimum basilicum var basilicum methylchavicoliferum
basilic mentholé	ocimum basilicum var

	citriodorum
basilic sacré	ocimum sanctum
basilic saint	ocimum sanctum
basilic suave	ocimum dalabaense
basilic thaïlandais	ocimum sanctum
basilic tropical	ocimum basilicum var basilicum methylchavicoliferum
basilic tulsi	ocimum sanctum
baume australien (nom confusif)	prostanthera melissifolia
baume d'abeilles	monarda fistulosa
baume de copahu de Carthagène	copaifera officinalis
baume de copahu de Colombie	copaifera officinalis
baume de copahu du Brésil	copaifera langsdorfii
baume de copaïba de Carthagène	copaifera officinalis
baume de copaïba de Colombie	copaifera officinalis
baume de copaïba du Brésil	copaifera langsdorfii
baume de Sumatra	styrax paralleloneurus
baume de Tolu	myroxylon balsamum var balsamum
baume du Canada (nom de la résine)	abies balsamea
baume du copahier	copaifera officinalis
baume du moine	styrax ssp
baume du Pérou	myroxylon balsamum var pereirae
baume du Pérou brun (nom faux)	myrocaprus fastigiatus
baume du Siam	styrax tonkinensis
baume mélisse	melissa officinalis
baume pulmonaire	styrax ssp
baumier (nom erroné)	ocimum flexuosum
baumier amyris	amyris balsamifera
bay (nom confusif)	pimenta racemosa
bay (nom confusif)	laurus nobilis
bay Saint-Thomas	pimenta racemosa
bay Saint-Thomas (nom faux : pimenta racemosa)	pimenta dioica
bdelium (nom partagé)	commiphora africana
bdelium (nom partagé)	commiphorawightii
bdelium de l'Inde	commiphora wightii
bec de cigogne	geranium robertianum
bec de grue (nom confusif)	geranium maculatum
bec de grue (nom confusif)	geranium robertianum
bemafaitra	cedrelopsis grevei
benjoin (nom insuffisant)	styrax benzoe
benjoin à gomme	styrax benzoe
benjoin de Sumatra	styrax paralleloneurus
benjoin de Sumatra (nom faux et confusif)	styrax benzoe
benjoin du Laos	styrax tonkinensis
benjoin du Siam	styrax tonkinensis
benjoin du Vietnam	styrax tonkinensis
bergamote	citrus aurantium subsp bergamia
bergamote (nom faux et	melissa officinalis

confusif)	
bétel	piper betle
bigarade	citrus aurantium var amara
bois buis	murraya paniculata
bois d'agar	aquilaria agalosha
bois d'aigle	aquilaria agalosha
bois d'ales du Mexique	bursera penicillata
bois d'aloès (nom faux)	aquilaria agalosha
bois de cade	juniperus oxycedrus
bois de camphre de Bornéo	dryobalanops aromatica
bois de gaiac	guaiacum officinale
bois de guaiac	guaiacum officinale
bois de linaloé (l'espèce devrait être précisée)	bursera delpechiana
bois de linaloé (l'espèce devrait être précisée)	bursera glabrifolia
bois de linaloé (l'espèce devrait être précisée)	bursera penicillata
bois de rose	aniba parviflora
bois de rose de Cayenne	ocotea caudata
bois de rose de Guyane	ocotea caudata
bois de santal blanc	santalum album
bois de santal du mysore	santalum album
bois de satin	murraya paniculata
bois de Siam	fokienia hodginsii
bois du diable	humulus lupulus
bois fleur-jaune	hypericum lanceolatum
bois jasmin	murraya paniculata
bois néphrétique d'Europe	betula alba pendula
bois sent-bon	myrica gale
bois-aligator	liquidambar styraciflua
boldo	boldea fragrans
boldu	boldea fragrans
boniningo	monodora myristica
bookoo	agathosma betulina
bornéol (nom confusif)	dryobalanops aromatica
boronia brun	boronia megastigma
boswellie	boswellia ssp, dont b carterii, b serrata, b neglecta, b papyrifera, b frereana, b thurifera
boswellie de Carter	boswellia carterii
boswellie salai	boswellia serrata
bouillon blanc	verbascum thapsus
bouleau à canoës	betula alba papyrifera
bouleau à papier	betula alba papyrifera
bouleau blanc	betula alba regroupe le bouleau pleureur, le bouleau à papier et le bouleau pubescent
bouleau canadien	betula lenta
bouleau cerise	betula lenta
bouleau commun	betula alba pendula
bouleau jaune	betula alleghaniensis
bouleau merisier	betula lenta
bouleau noir	betula nigra
bouleau pleureur	betula alba pendula
bouleau pubescent	betula alba pubescens
bouleau verruqueux	betula alba pendula
bourdaine marine (nom faux)	hippophae rhamnoides

brande	sarothamnus scoparius
brelette	allium schoenoprasum
brûlotte sauvage	allium schoenoprasum
bucco à feuilles rondes	agathosma betulina
bucco crénelé	agathosma crenulata
buchu à feuilles ovales	agathosma crenulata
buchu à feuilles rondes	agathosma betulina
buchu crenelé	agathosma crenulata
buis de chine	murraya paniculata
buisson aux tiques	kunzea ambigua
bulnésia sarmenteux	bulnesia sarmienti
bunium de Perse	bunium persicum
buplèvre arbustif	bupleurum fruticosum
buplèvre ligneux	bupleurum fruticosum
cabreuva	myrocarpus fastigiatus
cabreuva dorada	myrocarpus frondosus
cabureicia	myrocaprus fastigiatus
cacao	theobroma cacao
cachoutier	acacia catechu
cade	juniperus oxycedrus
cadier	juniperus oxycedrus
café	coffea ssp
cajeput	melaleuca cajeputii
calamansi	citrofortunella microcarpa
calament népéta	acinos nepeta
calament officinal	acinos officinalis
calamondin (une espèce de mandarine)	citrus reticulata (une sous-espèce)
calebassier (nom confusif)	monodora myristica
calendula officinal	calendula officinalis
calocèdre	calocedrus decurrens
caloupilé	murraya koenigii
camomille allemande	matricaria recutita
camomille bleue	matricaria recutita
camomille bleue allemande	matricaria recutita
camomille commune	matricaria recutita
camomille du Cap (nom faux)	eriocephalus punctulatus
camomille marocaine	ormenis mixta
camomille matricaire	matricaria recutita
camomille mixte	ormenis mixta
camomille noble	anthemis nobilis
camomille odorante	matricaria discoides
camomille ordinaire	matricaria recutita
camomille romaine	anthemis nobilis
camomille sauvage (nom partagé)	matricaria recutita
camomille sauvage (nom partagé)	ormenis mixta
camomille suave	matricaria discoides
camphre de Bornéo (nom confusif)	dryobalanops aromatica
camphre de Formose (nom faux)	cinnamomum kanehirai
camphrier (plus chémotype)	cinnamomum camphora
cananga	cananga odorata var macrophylla
cangerana	cabralea cangerana
cannelier de Ceylan	cinnamomum verum
cannelier du Vietnam	cinnamomum loureirii

cannelle cassia	cinnamomum cassia
cannelle de Ceylan	cinnamomum verum
cannelle de Chine	cinnamomum cassia
cannelle de Saïgon	cinnamomum loureirii
cannelle d'Indochine	cinnamomum loureirii
cannelle du Vietnam	cinnamomum loureirii
carana-élémi	protium carana
carara	elaphrium graveolens
cardamome	elettaria cardamomum
cardamome blanche (nom partagé)	elettaria cardamomum
cardamome blanche (nom partagé)	amomum subulatum
cardamome blanche (nom partagé)	amomum costatum
cardamome brune	amomum subulatum
cardamome de Malabar	elettaria cardamomum
cardamome du Bengale	amomum subulatum
cardamome du Népal	amomum subulatum
cardamome médicinale	amomum villosum
cardamome noire (nom partagé)	amomum costatum
cardamome noire (nom partagé)	amomum subulatum
cardamome verte	elettaria cardamomum
cardamone	elettaria cardamomum
caripoulé (nom sur l'Île Maurice)	murraya koenigii
carnation	dianthus caryophyllus
carotte	daucus carota
carvi	carum carvi
carvi tropical (nom faux)	trachyspermum ammi
cascarille	croton eleuteria
cassia	cinnamomum cassia
cassie ancienne	acacia farnesiana
cassumnar	zingiber cassumnar
cataire	nepeta cataria
cédrat	citrus medica var vulgaris
cédratier	citrus medica var vulgaris
« cèdre » à encens (nom faux)	calocedrus decurrens
« cèdre » blanc	calocedrus decurrens
« cèdre » d'Afrique orientale (nom faux)	juniperus procera
cèdre de Chypre	cedrus brevifolia
cèdre de l'Atlantique (nom faux)	cedrus atlantica
cèdre de l'Atlas	cedrus atlantica
cèdre de l'Himalaya	cedrus deodara (et pas deodora)
cèdre déodar	cedrus deodara (et pas deodora)
« cèdre » de Virginie (nom faux)	juniperus virginiana
cèdre du Liban	cedrus libani
« cèdre » du Texas (nom faux)	juniperus mexicana
« cèdre » rouge de l'Ouest	thuja plicata
céleri (céleri-branche)	apium graveolens var dulce
céleri bâtard (nom erroné)	levisticum officinale
céleri perpétuel (nom	levisticum officinale

erroné)	
céline	melissa officinalis
centelle asiatique	centella asiatica
centelle d'Asie	centella asiatica
cerfeuil commun	anthriscus cerefolium
cerfeuil des jardins	anthriscus cerefolium
cerfeuil officinal	anthriscus cerefolium
champaca blanc	michelia alba
champaca rouge	michelia champaca
champak blanc	michelia alba
champak rouge	michelia champaca
chandanam	pterocarpus santalinus
chandravâlâ	elettaria cardamomum
chanvre	cannabis sativa
chanvre d'eau (nom faux)	eupatorium cannabinum
chanvre doux (2e nom superflu)	cannabis sativa
chanvre indien (nom erroné)	cannabis sativa
chapon	allium sativum
charva	salvia officinalis
chasse-diable	hypericum perforatum
chasse-fièvre	teucrium chamaedrys
chataire	nepeta cataria
chaulmogra	taraktogenos kurzii
chêne de Ceylan (nom faux)	schleichera trijuga
chênette	teucrium chamaedrys
chènevis	cannabis sativa
chennevis	cannabis sativa
chénopode (nom insuffisant)	dysphania ambrosioides
chénopode ambrosioïde	dysphania ambrosioides
cheveux de Vénus	nigella damascena
chocolat (nom du produit)	theobroma cacao
chrysanthème balsamique	chrysanthemum balsamita
chrysanthème du parthénon	tanacetum parthenium
chrysanthème parthénium	tanacetum parthenium
ciboule	allium fistulosum
ciboulette	allium schoenoprasum
cierge de notre-dame	verbascum thapsus
cilanthro (nom pour les feuilles)	coriandrum sativum
cinnamome	cinnamomum kanehirai
cinnamome à petites fleurs	cinnamomum micranthum
cinnamomum parthenoxylon (pas de nom vernaculaire français)	cinnamomum parthenoxylon
cinnamomum rigidissimum (pas de nom vernaculaire français)	cinnamomum rigidissimum
ciste (nom insuffisant)	cistus ladaniferus
ciste à gomme	cistus ladaniferus
ciste ladanifère	cistus ladaniferus
citron de Java	citrus jambhiri
citron du Japon	citrus junos
citron jambhiri	citrus jambhiri
citron jaune	citrus limonum
citron porc-épic	citrus hystrix
citron vert	citrus aurantifolia
citron vert thaïlandais	citrus hystrix

citronnelle (nom faux et confusif)	melissa officinalis
citronnelle (nom insuffisant)	cymbopogon nardus
citronnelle (nom insuffisant)	cymbopogon winterianus
citronnelle de Ceylan	cymbopogon nardus
citronnelle de Java	cymbopogon winterianus
citronnelle de Madagascar (nom faux)	hyparrhenia hirta subsp hirta
citronnelle garde-robe	artemisia abrotanum
citronnelle sauvage (nom faux)	hyparrhenia hirta subsp hirta
citronnier	citrus limonum
cive	allium fistulosum
clavalier armatum	zanthoxylum armatum
clavalier de Bunge	zanthoxylum simulans
clavalier de l'Inde	zanthoxylum rhetsa
clavalier fagara	zanthoxylum fagara
clavalier poivrier	zanthoxylum piperitum
clémentine	citrus clementina
clocimum	perilla frutescens (nom illégitime)
clocimum	ocimum gratissimum
clou de girofle (une partie de la plante)	syzygium aromaticum
combava	citrus hystrix
comptonie voyageuse	comptonia peregrina
conyza du Canada	coniza canadensis
conyze du Canada	coniza canadensis
copahier de Carthagène	copaifera officinalis
copahier de Colombie	copaifera officinalis
copahier du Brésil	copaifera langsdorfii
copahu de Carthagène	copaifera officinalis
copahu de Colombie	copaifera officinalis
copahu du Brésil	copaifera langsdorfii
copaïba de Carthagène	copaifera officinalis
copaïba de Colombie	copaifera officinalis
copaïba du Brésil	copaifera langsdorfii
copaiba est-indien (nom faux)	dipterocarpus turbinatus
copalme d'Amérique	liquidambar styraciflua
copayer de Carthagène	copaifera officinalis
copayer de Colombie	copaifera officinalis
copayer du Brésil	copaifera langsdorfii
coriandre	coriandrum sativum
corymbia citronné	corymbia citriodora
costus	saussurea costus
cotinus (nom faux : cotinus coggygria)	rhus cotinus
couleuvrée septentrionale (nom confusif)	humulus lupulus
coumarou	dipteryx odorata
cran de Bretagne	cochlearia armoracia
cranson	cochlearia armoracia
cresthe marine	crithmum maritimum
criste marine	crithmum maritimum
crithme marine	crithmum maritimum
croton androisensis	croton androisensis
croton geayi	croton geayi var androisensis
cryptoméria du Japon	cryptomeria japonica
cryptoméria japonais	cryptomeria japonica
cubèbe (nom confusif)	piper cubeba
cumin (nom insuffisant)	cuminum cyminum
cumin blanc	cuminum cyminum
cumin carvi (nom erroné)	carum carvi
cumin de Damas (nom faux)	nigella damascena
cumin des prés (nom erroné)	carum carvi
cumin d'Orient	cuminum cyminum
cumin doux (nom faux)	pimpinella sativa
cumin du Maroc	cuminum cyminum
cumin noir vrai	bunium persicum
cumin sucré (nom faux)	pimpinella sativa
curcuma aromatique	curcuma aromatica
curcuma géant	curcuma xanthorhizza
curcuma long	curcuma longa
curcuma zédoaire long	curcuma zedoaria
curcuma zédoaire rond	curcuma zerumbet
cuspare	angostura vera
cylcamen des Alpes	cyclamen purpurascens
cyprès à gros fruits	cupressus macrocarpa
cyprès blanc	callistris glaucophylla
cyprès bleu d'Australie	callitris intratropica
cyprès bleu de l'Arizona	cupressus arizonica spp
cyprès de Bentham (une variété)	cupressus lusitanica
cyprès de Fujian	fokienia hodginsii
cyprès de Goa	cupressus lusitanica
cyprès de Lambert	cupressus macrocarpa
cyprès de Lawson	chamaecyparis lawsoniana
cyprès de Leyland	cuprocyparis leylandii
cyprès de Lusitanie	cupressus lusitanica
cyprès de Monterey	cupressus macrocarpa
cyprès de Nootka	cupressus nootkatensis
cyprès de Provence	cupressus sempervirens
cyprès du Japon	chamaecyparis obtusa
cyprès du Espagne (une variété)	cupressus lusitanica
cyprès du Espagne	cupressus lusitanica
cyprès hinoki	chamaecyparis obtusa
cyprès jaune (nom insuffisant)	cupressus nootkatensis
cyprès jaune de Nootka	cupressus nootkatensis
cyprès pendant de Chine	cupressus funebris
cyprès toujours vert	cupressus sempervirens
cypriol	cyperus scariosus
darucini	cinnamomum verum
darusita	cinnamomum verum
davana	artemisia pallens
déodar	cedrus deodara (et pas deodora)
dictame de Crète	dictamnus creticus
dictamne de Crète	dictamnus creticus
digérable	humulus lupulus
dill	anethum graveolens
dingadingana	psiadia altissima
diosma	agathosma betulina
dittriche odorante	dittrichia graveolens
dittriche puante	dittrichia graveolens
dobo	cedrelopsis grevei

dolobrata	thujopsis dolobrata	eucalyptus et nom latin, souvent avec chémotype	eucalyptus spp
douglas bleu	pseudotsuga douglasii var glauca	eucalyptus fort (nom confusif)	eucalyptus globulus
douglas glauque	pseudotsuga douglasii var glauca	eucalyptus globuleux	eucalyptus globulus
douglas vert	pseudotsuga menziesii var menziesii	eucalyptus mentholé	eucalyptus dives
		eucalyptus radié	eucalyptus radiata
duralambha	fagonia cretica	eucarium épineux	eucarium spicatum
échalote	allium cepa var aggregatum	eupatoire à feuilles de chanvre	eupatorium cannabinum
échinacée pourpre	echinacea purpurea		
écuelle d'eau	centella asiatica	eupatoire chanvrine	eupatorium cannabinum
elecampane (nom confusif)	inula helenium	évernia du prunier	evernia prunastri
élémi	canarium luzonicum	famontilahy	pluchea grevei
élémi de Manille	canarium luzonicum	famonty (nom confusif avec pluchea bojeri)	pluchea grevei
encens de Carter	boswellia carterii		
encens neglecta	boswellia neglecta	farigoule (nom insuffisant)	thymus vulgaris ssp CT
encens salai	boswellia serrata	fausse badiane	illicium anisatum
encens vrai	boswellia ssp, dont b carterii, b serrata, b neglecta, b papyrifera, b frereana, b thurifera	fausse noix de muscade	monodora myristica
		fausse spirée	filipendula ulmaria
		fausse violette	centella asiatica
		faux anis	cuminum cyminum
encensier (nom confusif)	rosmarinus officinalis officinalis	faux galanga	kaempferia galanga
		faux muscadier	monodora myristica
épazote	dysphania ambrosioides	faux origan	dictamnus creticus
épicéa blanc	picea glauca	faux-cumin	nigella sativa
épicéa bleu	picea pungens	faux-curcuma	curcuma xanthorhizza
épicéa commun	picea abies	faux-cyprès	chamaecyparis lawsoniana
épicéa du Colorado	picea pungens	faux nerprun	hippophae rhamnoides
épicéa européen	picea abies	faux-poivrier (nom insuffisant)	schinus molle
épicéa noir	picea mariana		
épicéa rouge	picea rubens	faux-poivrier de Californie	schinus molle
épine luisante	hippophae rhamnoides	faux-poivrier du Brésil	schinus terebinthifolius
épine marante	hippophae rhamnoides	faux-quinquina	croton eleuteria
épinette blanche	picea glauca	faux-ylang	cananga odorata var macrophylla
épinette bleue	picea pungens		
épinette européenne	picea abies	fenouil (nom insuffisant)	foeniculum vulgare var dulce
épinette noire	picea mariana		
épinette rouge	picea rubens	fenouil amer	foeniculum vulgare var amara
épinette rouge (nom faux)	larix lariciana		
épinette rouge (nom faux)	pinus resinosa	fenouil bâtard (nom faux)	anethum graveolens
épingles de la vierge	geranium robertianum	fenouil commun	foeniculum vulgare var dulce
erba barona	thymus herba-barona		
érigeron crépu	coniza bonariensis	fenouil doux	foeniculum vulgare var dulce
érigeron crispé	coniza bonariensis		
érigeron de Naudin	coniza bonariensis	fenouil marin (faux nom)	crithmum maritimum
érigeron du Canada	coniza canadensis	fenouil officinal	foeniculum vulgare var dulce
ériocéphale africaine	eriocephalus africanus		
ériocéphale bleue	eriocephalus punctulatus	fénugrec	trigonella foenum-graecum
ériocéphalée africaine	eriocephalus africanus	férule gommeuse	ferula galbaniflua
ériocéphalée bleue	eriocephalus punctulatus	férule odorante	ferula asa-foetida
erva maté	ilex paraguayensis	férule persique	ferula asa-foetida
espargoulette	tanacetum parthenium	feuille de bible	chrysanthemum balsamita
estragon	artemisia dracunculus	feuille de cari	murraya koenigii
estragon du Cap (nom faux)	eriocephalus africanus	feuille de curry	murraya koenigii
eucalyptus à rostre	eucalyptus camaldulensis	feuille de Malabar (nom confusif)	cinnamomum tamala
eucalyptus citron	eucalyptus citriodora		
eucalyptus citronné	corymbia citriodora	feuilles de (agrume) pour petit-grain	citrus feuilles : voir l'agrume en question
eucalyptus cumin	eucalyptus polybractea		
eucalyptus de Smith	eucalyptus smithii	feuille-vanille	carpherophorus odoratissimus var odoratissimus
eucalyptus doux (nom confusif)	eucalyptus radiata		

fève de tonka	dipteryx odorata
figuier commun	ficus carica
filé	sassafras albidum
flambeau Caraïbe	pilocarpus racemosus
fleur de mon âme	alpinia zerumbet
fleur de Sainte Catherine	nigella sativa
fleur des fleurs	cananga odorata var genuina
fleur du paradis (nom confusif)	alpinia zerumbet
fleur du soleil (nom partagé)	calendula officinalis
fleur jaune	hypericum lanceolatum
fleur panda	asarum maximum
foin grec	trigonella foenum-graecum
fourchette du diable	geranium robertianum
fragonia® (n'est qu'un cultivar spécifique)	taxandria fragrans
fragonia vesca	fragonia vesca
fraisier des bois	fragonia vesca
framboisin	ocimum basilicum
frangipane	plumeria alba
frangipanier	plumeria alba
fusain épineux (nom faux)	eucarium spicatum
fustet (nom faux : cotinus coggygria)	rhus cotinus
gaharu	aquilaria agalosha
gaharu	aquilaria agalosha
gaia	hemizygia petiolata
gaiac	guaiacum officinale
gaiac (nom faux)	bulnesia sarmienti
gaïac de Cayenne (nom faux)	dipteryx odorata
galanga camphré (nom faux)	kaempferia galanga
galanga de Chine	alpinia officinarum
galanga des Indes	alpinia galanga
galbanum	ferula galbaniflua
gale odorant	myrica gale
gardénia à odeur de jasmin	gardenia jasminoides
gardénia de Tahiti	gardenia tahitinensis
gargon	artemisia dracunculus
gattilier	vitex agnus-castus
gaulthérie couchée	gaultheria procumbens
gaulthérie du Canada	gaultheria procumbens
gaulthérie odorante	gaultheria frangrantissima
gaulthérie procombante	gaultheria procumbens
gaya à tige simple (nom incertain)	levisticum officinale
génépi laineux	artemisia genepi
génépi noir	artemisia genepi
génépi vrai	artemisia genepi
genêt à balais	sarothamnus scoparius
genette	sarothamnus scoparius
genévrier alpin	juniperus communis var montana
genévrier cade	juniperus oxycedrus
genévrier cadier	juniperus oxycedrus
genévrier commun	juniperus communis var communis
genévrier commun des	juniperus communis var
montagnes	montana
genévrier commun érigé	juniperus communis var communis
genévrier d'Afrique orientale	juniperus procera
genévrier de Virginie	juniperus virginiana
genévrier de Yougoslavie	juniperus smerka
genévrier des Balkans	juniperus smerka
genévrier des montagnes	juniperus communis var montana
genévrier du Espagne	juniperus mexicana
genévrier sabine	juniperus sabina
géraine robertin	geranium robertianum
« géranium » est un faux nom pour les :	pelargoniums toutes espèces
géranium herbe-Robert	geranium robertianum
« géranium » indien (nom faux)	cymbopogon martinii var motia
géranium Robert	geranium robertianum
géranium zdravets	geranium macrorrhizum
géraniums, tous	geranium spp et pas pelargonium spp (des pélargoniums)
gerbe d'or	solidago canadensis
germandrée des chats	teucrium marum
germandrée glauque	teucrium flavum subsp glaucum
germandrée jaune	teucrium flavum subsp flavum
germandrée marum	teucrium marum
germandrée petit-chêne	teucrium chamaedrys
gia	hemizygia petiolata
gingembre	zingiber officinalis
gingembre bâtard	curcuma zedoaria
gingembre coquille (nom confusif)	alpinia zerumbet
gingembre mangue	curcuma amada
gingembre papillon	hedychium flavum
gingembre sauvage du Canada	asarum canadense
gingembre-lys acuminé	hedychium acuminatum
gingembre-lys épineux	hedychium spicatum
gingergrass	cymbopogon martinii var sofia
ginseng d'Amérique	panax quinquefolius
girofle	syzygium aromaticum
giroflier	syzygium aromaticum
glycine	wistaria sinensis
gombo musqué	abelmoschus moschatus
goménol	melaleuca quinquinervia
gomme arabique	acacia senegal
gomme Sénégal	acacia senegal
gommier blanc (nom faux)	acacia senegal
gommier bleu	eucalyptus globulus
gommier citron	eucalyptus citriodora
gommier rouge	eucalyptus camaldulensis
gotu kola	centella asiatica
goyave	psidium guajava
goyave commune	psidium guajava
goyave de Chine	psidium littorale
goyave-fraise	psidium littorale

goyavier (nom partagé)	psidium guajava
goyavier (nom à la Réunion) (nom partagé)	psidium littorale
goyavier commun	psidium guajava
goyavier de Chine	psidium littorale
goyavier-fraise	psidium littorale
gouyave	psidium guajava
graine de musc	abelmoschus moschatus
graine d'oignon (nom faux)	nigella damascena
graines de paradis	amomum granum-paradisi
graines de paradis (nom faux : amomum granum-paradisi = aframomum granum-paradisi)	amomum meleguetta
grand asaret d'Indochine	asarum maximum
grand chervis	pastinaca sativa
grand chrysanthème (nom partagé)	tanacetum parthenium
grand framboisin (Antilles)	ocimum frutescens
grand galanga	alpinia galanga
grand longoze	hedychium flavum
grand pétasite	petasites hybridus var hybridus
grand sapin	abies grandis
grand tabac	nicotiana tabacum
grande aunée	inula helenium
grande camomille (nom faux)	tanacetum parthenium
grande cardamome	amomum subulatum
grande molène	verbascum thapsus
grande ortie	urtica dioica
grapefruit	citrus paradisi
griffes de girofle (une partie de la plante)	syzygium aromaticum
griset	hippophae rhamnoides
guaiac	guaiacum officinale
guaiac (nom faux)	bulnesia sarmienti
guggul	commiphora wightii
gui	viscum album
gurjan	dipterocarpus turbinatus
gurjum	dipterocarpus turbinatus
hafatraina	cedrelopsis grevei
hala	pandanus fascicularis
hanomalanga	hernandia voyroni
havozo écorce	agatophyllum aromatica cortex
havozo feuilles	agatophyllum aromatica foliae
hazomalanga	hernandia voyroni
hazomaly	hernandia voyroni
hedoma menthe-pouliot	hedoma pulegioides
hédychium acuminé	hedychium acuminatum
hédychium épineux	hedychium spicatum
heissa	rhus taratana
hélichryse à bouquets (nom peu accepté)	helichrysum orientale
hélichryse à capitules nus	helichrysum gymnocephalum
hélichryse à feuilles étroites	helichrysum angustifolia
hélichryse à tête nue	helichrysum gymnocephalum
hélichryse bractéïfère	helichrysum bracteiferum
hélichryse corse	helichrysum angustifolia
hélichryse des dunes	helichrysum arenarium
hélichryse des sables	helichrysum arenarium
hélichryse d'Orient	helichrysum orientale
hélichryse du Var	helichrysum orientale
hélichryse faradifani	helichrysum faradifani
hélichryse femelle du Madagascar	helichrysum gymnocephalum
hélichryse italienne	helichrysum angustifolia
hélichryse italienne de Corse	helichrysum angustifolia
hélichryse mâle du Madagascar	helichrysum bracteiferum
hélichryse sauvage	helichrysum splendidum (sous-espèce désormais définies en noms propres)
hélichryse splendide	helichrysum splendidum (sous-espèce désormais définies en noms propres)
hélichryse stoechade	helichrysum splendidum (sous-espèce désormais définies en noms propres)
herbe à barons	thymus herba-barona
herbe à dinde	achillea millefolium
herbe à étragni	arnica montana
herbe à l'esquinancie (nom confusif)	geranium robertianum
herbe à Maggi	levisticum officinale
herbe à Robert	geranium robertianum
herbe à vers (nom partagé)	tanacetum parthenium
herbe au charpentier	achillea millefolium
herbe au citron	melissa officinalis
herbe au cocher	achillea millefolium
herbe aux anges	angelica archangelica
herbe aux chats	nepeta cataria
herbe aux chats (nom partagé)	achillea millefolium
herbe aux chats (nom partagé)	teucrium marum
herbe aux chutes	arnica montana
herbe aux coupures	achillea millefolium
herbe aux couronnes	rosmarinus officinalis officinalis
herbe aux cure-dents	ammi visnaga
herbe aux épices	nigella sativa
herbe aux militaires	achillea millefolium
herbe aux mille trous	hypericum perforatum
herbe aux piqûres (nom confusif)	hypericum perforatum
herbe aux plaies	salvia sclarea
herbe aux prêcheurs	arnica montana
herbe aux puces	mentha x piperita
herbe aux troubadours	rosmarinus officinalis officinalis
herbe aux vers (nom partagé)	artemisia absinthum
herbe chancrée	geranium robertianum
herbe de capucin	nigella damascena
herbe de gingembre	cymbopogon martinii var sofia

herbe de grâce	ruta graveolens	immortelle (nom insuffisant)	helichrysum angustifolia
herbe de Joseph couchée	hyssopus officinalis decumbens	immortelle à bouquets (nom peu accepté)	helichrysum orientale
herbe de Joseph officinale	hyssopus officinalis officinalis	immortelle à capitules nus	helichrysum gymnocephalum
herbe de Jupiter	salvia officinalis	immortelle à tête nue	helichrysum gymnocephalum
herbe de la rue	ruta graveolens		
herbe de la Saint-Jean (nom partagé)	achillea millefolium	immortelle bractéïfère	helichrysum bracteiferum
herbe de la Saint-Jean (nom partagé)	artemisia vulgaris	immortelle commune (?)	helichrysum splendidum (sous-espèce désormais définies en noms propres)
herbe de la Saint-Jean (nom partagé)	hypericum perforatum	immortelle corse	helichrysum angustifolia
herbe de lion	anthemis nobilis	immortelle des dunes	helichrysum arenarium
herbe de Malabar	cymbopogon flexuosus	immortelle des sables	helichrysum arenarium
herbe de sainte Cunégonde	eupatorium cannabinum	immortelle des sables (nom faux : helichrysum arenarium)	helichrysum splendidum (sous-espèce désormais définies en noms propres)
herbe de Saint-Joseph (nom partagé)	achillea millefolium	immortelle d'Orient	helichrysum orientale
herbe de Saint-Julien	satureja ssp	immortelle du Var	helichrysum orientale
herbe de Saint-Laurent	mentha pulegium	immortelle faradifani	helichrysum faradifani
herbe de Saint-Marc	tanacetum vulgare	immortelle femelle du Madagascar	helichrysum gymnocephalum
herbe de Saint-Robert	geranium robertianum		
herbe des vierges (pas de la vierge)	artemisia absinthum	immortelle italienne	helichrysum angustifolia
herbe dragon	artemisia dracunculus	immortelle italienne de Corse	helichrysum angustifolia
herbe du roi Robert	geranium robertianum		
herbe du Saint-Esprit	angelica archangelica	immortelle mâle du Madagascar	helichrysum bracteiferum
herbe Louise	lippia citriodora		
herbe royale	ocimum basilicum	immortelle sauvage	helichrysum stoechas
herbe sacrée	salvia officinalis	immortelle splendide	helichrysum splendidum (sous-espèce désormais définies en noms propres)
herbe sainte (nom partagé et confusif)	artemisia absinthum		
herbe sainte (nom partagé et confusif)	arnica montana	immortelle stoechade	helichrysum stoechas
herbe sainte (nom partagé et confusif)	tanacetum vulgare	inule grecque	inula helenium
		inule odorante	dittrichia graveolens
herbe Sainte-Marie (nom confusif)	chrysanthemum balsamita	inule puante	dittrichia graveolens
		inule visqueuse	inula viscosa
herbe-à-oignons	cyperus rotundus	iris allemande	iris germanica
herbe-bleue africaine	cymbopogon nardus	iris de Florence	iris fiorentina
herbe-curry (nom faux et partagé)	murraya koenigii	iris germanique	iris germanica
		iris pâle	iris palida
herbe-Robert	geranium robertianum	issa	rhus taratana
hiba	thujopsis dolobrata	jaborandi à feuille pennées	pilocarpus pennatifolius
hidacheim	hydicum spicatum	jaborandi à petites feuilles	pilocarpus microphyllus
hierba dulce (nom partagé)	lippia graveolens	jaborandi d'Aracaty	pilocarpus spicatus
ho-sho	cinnamomum camphora	jaborandi de Ceara	pilocarpus trachylophus
houblon	humulus lupulus	jaborandi de Maranham	pilocarpus microphyllus
huile de bois	dipterocarpus turbinatus	jaborandi de Pernambouc	pilocarpus jaborandi
hydrocotyle d'Asie	centella asiatica	jaborandi du Paraguay	pilocarpus pennatifolius
hysope aristée	hyssopus officinalis aristatus	jacée de printemps (nom erroné)	viola odorata
hysope couchée	hyssopus officinalis decumbens	jacinthe d'Orient	hyacinthus orientalis
		jaguarandy	pilocarpus jaborandi
hysope décombante	hyssopus officinalis decumbens	jambhiri	citrus jambhiri
		jamrosa	cymbopogon nardus
hysope officinale	hyssopus officinalis officinalis	jasmin (nom insuffisant)	jasminum grandiflorum
		jasmin à grandes fleurs	jasminum grandiflorum
iary	psiadia altissima	jasmin d'Arabie	jasminum officinale sambac
ilang-ilang	cananga odorata var genuina	jasmin d'Espagne	jasminum grandiflorum
		jasmin étoilé (faux nom)	trachelospermum jasmidoides

jasmin royal	jasminum grandiflorum
jasmin sambac	jasminum officinale sambac
jeera	citrus hystrix
jeera kala	bunium persicum
jeera safed	cuminum cyminum
jeera shahi	bunium persicum
jeeruk purut	citrus hystrix
jinkoh	aquilaria agalosha
kachur	curcuma zedoaria
kaemferia rond	kaempferia rotunda
kaempferia faux galanga	kaempferia galanga
kalamansi	citrofortunella microcarpa
kalamundin	citrofortunella microcarpa
kaloupilé	murraya koenigii
kanuka	kunzea ericoides
karanj	millettia pinnata
karo karounde	leptinaca senegambica
katrafay	cedrelopsis grevei
katrafe	cedrelopsis grevei
keson	polygonum odoratum
ketaki	pandanus fascicularis
ketmie musquée	abelmoschus moschatus
kewda	pandanus fascicularis
kewra	pandanus fascicularis
khella	ammi visnaga
khursin	lippia alba
khus-khus	chrysopogon zizanoides
kokila	cinnamomum glaucescens
kumquat	citrus japonica
kumquat ovale	citrus margarita
kunzea	kunzea ambigua
labdanum (nom de l'oléorésine)	cistus ladaniferus
laminaire (algue)	laminaria digitata
langue de cerf américain	carpherophorus odoratissimus var odoratissimus
lantane chamarée	lantana camara
lantanier	lantana camara
lanyana	artemisia afra
laposintiala	vepris madagascariensis
larmes de la vierge	alpinia zerumbet
laser à feuilles étroites	laserpitium gallicum
laser de Espagne	laserpitium gallicum
laser de Gaule	laserpitium gallicum
laser odorant	laserpitium gallicum
laurier d'Apollon	laurus nobilis
laurier de Daphnée	laurus nobilis
laurier des Iroquois	sassafras albidum
laurier des poètes	laurus nobilis
laurier du Japon	cinnamomum camphora
laurier noble	laurus nobilis
laurier sauce	laurus nobilis
lavande à feuilles étroites	lavandula angustifolia
lavande à feuilles larges	lavandula latifolia
lavande à venin	lavandula latifolia
lavande aspic	lavandula latifolia
lavande cotonnée	lavandula stoechas
lavande de Haute-Provence (une AOC)	lavandula angustifolia
lavande de Séville	lavandula stoechas ssp

	luisieri
lavande extra	lavandula angustifolia
lavande fine (une AOC)	lavandula angustifolia
lavande hybride	lavandula hybrida
lavande maillette (un clone)	lavandula angustifolia
lavande maritime	lavandula stoechas
lavande matheronne (un clone)	lavandula angustifolia
lavande noble	lavandula angustifolia
lavande papillon	lavandula stoechas
lavande stéchas	lavandula stoechas
lavande stoechade	lavandula stoechas
lavande vraie	lavandula angustifolia
lavandin	lavandula hybrida
lédon du Groenland	rhododendron groenlandicum
lemongrass herbe de Malabar	cymbopogon flexuosus
lemongrass verveine des Indes	cymbopogon citratus
lentisque pistachier	pistacia lentiscus
leptosperme citronné	leptospermum petersonii
leptosperme de Peterson	leptospermum petersonii
leucadendron	melaleuca leucadendron
lévistique officinale	levisticum officinale
leylandii	cuprocyparis leylandii
liatrix	carpherophorus odoratissimus var odoratissimus
libocèdre à feuilles décurrentes	calocedrus decurrens
lichen (nom faux et insuffisant)	evernia prunastri
lila	syringa spp
lime	citrus aurantifolia
lime de Cafre	citrus hystrix
lime kafir	citrus hystrix
lime leech	citrus hystrix
limetier	citrus aurantifolia
limetier hérissé	citrus hystrix
limette	citrus limetta
linaloé (l'espèce devrait être précisée)	bursera aloexylon
linaloé (l'espèce devrait être précisée)	bursera delpechiana
linaloé (l'espèce devrait être précisée)	bursera glabrifolia
linaloé (l'espèce devrait être précisée)	bursera penicillata
linaloé à bois d'aloé	bursera aloexylon
linaloé à feuilles glabres	bursera glabrifolia
linaloé à pinceaux	bursera penicillata
linaloé aleoxylon	bursera aloexylon
linaloé anisé	bursera penicillata
linaloé de Delpech	bursera delpechiana
linaloé du Mexique	bursera penicillata
liquidambar styraciflua	liquidambar à styrax
liquidambar oriental	liquidambar orientalis
litsée	litsea cubeba
litsée citronnée	litsea cubeba
litsée cubèbe	litsea cubeba

livèche	levisticum officinale
livistique	levisticum officinale
longose (nom faux)	alpinia zerumbet
longozabe	hedychium flavum
longozakely	aframomum angustifolium
longoze, grand	hedychium flavum
longoze, petit	aframomum angustifolium
longozo (nom confusif)	aframomum angustifolium
longozo (nom confusif)	hedychium flavum
longozo (nom confusif)	hedychium peregrinum
lorette (nom confusif)	myrica gale
lotus (blanc, bleu et rose indifféremment) nom insuffisant	nelumbo nucifera
lotus sacré	nelumbo nucifera
loup de terre	humulus lupulus
love in a mist	nigella damascena
luan ye gui (en chinois pinyuin)	cinnamomum rigidissimum
luneche	levisticum officinale
macassar	schleichera trijuga
mace (muscade coques et pas fleurs)	myristica fragrans
macis (muscade coques)	myristica fragrans
magnolia (nom faux)	michelia alba
maingitsangeala	vepris madagascariensis
makrut	citrus hystrix
malabathrum	cinnamomum tamala
malagadi	cinnamomum glaucescens
malaguette	amomum meleguetta
malemilahy	rhus taratana
malherbe	tanacetum parthenium
mammea (nom insuffisant)	mammea longifolia
mandarine	citrus reticulata
mandarine algérienne	citrus clementina
mandarine américaine	citrus reticulata ssp
mandarine orange (époque cueillette)	citrus reticulata
mandarine rouge (époque cueillette)	citrus reticulata
mandarine verte (époque cueillette)	citrus reticulata
mandiane	tanacetum parthenium
mangoginger	curcuma amada
maniguette	amomum meleguetta
maniguette fine (nom erroné)	aframomum angustifolium
manotra	cedrelopsis grevei
manpandry	cedrelopsis grevei
mantavazana	psiadia altissima
manteau de la vierge	fagonia cretica
manuka	leptospermum scoparium
manuka rouge	leptospermum scoparium
marjolaine	majorana hortensis
marjolaine à coquilles	majorana hortensis
marjolaine bâtarde	origanum vulgare
marjolaine des jardins	majorana hortensis
marjolaine sauvage	origanum vulgare
marjolaine sylvestre à cinéole (nom faux)	thymus mastichana cineoliferum
marjolaine sylvestre à	thymus mastichana
linalol (nom faux)	linaloliferum
massoi	cryptocarya massoia
massoïa	cryptocarya massoia
massoy	cryptocarya massoia
mastic	pistacia lentiscus
mastic péruvien (nom faux)	schinus molle
maté (nom confusif et partagé)	ilex paraguayensis
matricaire	matricaria recutita
matricaire discoïde	matricaria discoides
matricaire fausse camomille	matricaria discoides
matricaire sans ligules	matricaria discoides
may chang	litsea cubeba
mélaleuque à bois blanc	melaleuca leucadendron
mélaleuque à feuilles alternes	melaleuca alternifolia
mélaleuque à feuilles érigées	melaleuca ericifolia
mélaleuque à feuilles linéaires	melaleuca linariifolia
mélaleuque à feuilles uncinées	melaleuca uncinata
mélaleuque pentanerve	melaleuca quinquinervia
mélaleuque unciné	melaleuca uncinata
mélèze américain	larix lariciana
mélèze commun	larix decidua
mélèze d'Europe	larix decidua
mélèze du Canada	larix lariciana
mélèze laricin	larix lariciana
mélilot	melilotus officinalis
mélilot blanc	melilotus alba
mélilot des champs	melilotus arvensis
mélilot jaune	melilotus officinalis
mélilot officinal	melilotus officinalis
mélilot suave	melilotus suaveolens
mélisse (nom insuffisant)	melissa officinalis
mélisse officinale	melissa officinalis
mélisse verte sauvage (nom illégitime)	perilla frutescens
menthe à épis	mentha spicata
menthe à feuilles rondes	mentha suaveolens
menthe à longues feuilles	mentha longifolium
menthe anglaise	mentha x piperita
menthe aquatique	mentha aquatica
menthe aux chats (nom faux)	nepeta cataria
menthe bergamote	mentha x citrata
menthe chocolat (sous-espèce et nom incomplet)	mentha x piperita
menthe citronnée	mentha x citrata
menthe crépue	mentha aquatica
menthe des champs	mentha arvensis
menthe des champs de Chine	mentha arvensis glabrata
menthe des champs du Japon	mentha arvensis piperascens
menthe du bush à feuilles de mélisse (nom confusif)	prostanthera melissifolia
menthe du Canada	mentha canadensis
menthe gabonaise	ocimum gratissimum
menthe hongroise (sous-	mentha x piperita

espèce)		myrique cerifera	myrica cerifera
menthe japonaise	mentha arvensis	myrique de Pennsylvanie	myrica pensylvanica
menthe poivrée	mentha x piperita	myrrhe classique	commiphora myrrha
menthe pouliot	mentha pulegium	myrrhe commune	commiphora myrrha
menthe pouliot américaine (nom faux)	hedoma pulegioides	myrrhe d'Abyssinie	commiphora habessinica
		myrrhe d'Erythrée	commiphora erythrea
menthe suave	mentha suaveolens	myrrhe du Yemen	commiphora habessinica
menthe sylvestre	mentha longifolium	myrrhe gomme-poison	commiphora africana
menthe verte	mentha spicata	myrrhe kua	commiphora kua
menthe verticillée	mentha verticillata	myrrhe molmol	commiphora molmol
menthe vietnamienne (nom faux)	polygonum odoratum	myrte bâtard (nom erroné)	myrica gale
		myrte citronné (nom faux et confusif)	leptospermum petersonii
menthe-coq (nom confusif)	chrysanthemum balsamita		
millefeuille	achillea millefolium	myrte citronné (nom faux)	backhousia citriodora
millepertuis (nom insuffisant)	hypericum perforatum	myrte commun	myrtus communis
		myrte des marais (nom erroné)	myrica gale
millepertuis perforé	hypericum perforatum	myrte rouge (chémotype mal défini = myrte commun à cinéole ou à acétate de myrtényle selon fabricants)	myrtus communis cineoliferum
mimosa (nom insuffisant)	acacia dealbata		
mimosa argenté	acacia dealbata		
mimosa des fleuristes	acacia dealbata		
mimosa d'hiver	acacia dealbata		
molée des jardins	schinus molle	myrte vert (chémotype mal défini = myrte commun à acétate de myrtényle ou à cinéole selon fabricants)	myrtus communis myrtenylacetatiferum
molène (nom insuffisant)	verbascum thapsus		
molène à feuilles épaisses (ssp montanum)	verbascum thapsus		
molène thapsus	verbascum thapsus	nagkesar (nom partagé et confusif)	mammea longifolia
molmol	commiphora molmol		
monarde à géraniol	monarda fistulosa	narcisse des poètes	narcissus poeticus
monarde à thymol	monarda didyma	nard (nom confusif : d'autres valérianacées le portent, dont le nard biblique)	nardostachys jatamansi
monarde à tubes	monarda fistulosa		
monarde écarlate	monarda didyma		
monarde fistuleuse	monarda fistulosa		
monarde pourpre	monarda didyma	narde chinoise	nardostachys sinensis
monodora à racine odoriférante sucrée	monodora myristica	narde de l'Himalaya	nardostachys jatamansi
		narde jatamanshique	nardostachys jatamansi
mousse (nom insuffisant)	evernia prunastri	narde rouge	nardostachys jatamansi
mousse de chêne	evernia prunastri	narde verte	nardostachys jatamansi
moutarde des Allemands (nom faux)	cochlearia armoracia	neige-en-été	melaleuca linariifolia
		népéta	nepeta cataria
moutarde noire	brassica nigra	néroli (nom insuffisant)	citrus aurantium var amara florae
muguet de mai	convollaria majalis		
muhuhu	brachylaena hutchinsii	néroli bigaradier	citrus aurantium var amara florae
mullein	verbascum thapsus		
musc végétal	abelmoschus moschatus	néroli oranger amer	citrus aurantium var amara florae
muscade (noix)	myristica fragrans		
muscade-calebasse (nom confusif)	monodora myristica	niaouli	melaleuca quinquinervia
		nigelle (nom insuffisant)	nigella sativa
muscade Jamaïque (nom confusif)	monodora myristica	nigelle bâtarde	nigella arvensis
		nigelle cultivée	nigella sativa
muscade de Madagascar écorce (nom confusif)	agatophyllum aromatica cortex	nigelle de Crète	nigella sativa
		nigelle de Damas	nigella damascena
muscade de Madagascar feuilles (nom confusif)	agatophyllum aromatica foliae	nigelle des champs	nigella arvensis
		nigelline (nom de l'huile essentielle)	nigella sativa
muscadier (noix)	myristica fragrans		
muscadier d'Afrique (nom confusif)	monodora myristica	noix de banda	myristica fragrans
		noix de girofle feuilles	agatophyllum aromatica foliae
muscadier de Calabash (nom confusif)	monodora myristica		
		noix de girolfe écorce	agatophyllum aromatica cortex
muscadier du Gabon (nom confusif)	monodora myristica		
		noix de muscade	myristica fragrans
myrique baumier	myrica gale	ocotéa précieux	ocotea preciosa

œil du soleil	matricaria recutita
œillet (nom insuffisant)	dianthus caryophyllus
œillet clou de girofle	dianthus caryophyllus
œillet commun	dianthus caryophyllus
œillet des floristes	dianthus caryophyllus
œillet des jardins	dianthus caryophyllus
œillet des poètes (nom partagé avec dianthus plumarius)	dianthus caryophyllus
œillet d'Inde (nom faux)	tagetes patula
ognon	allium cepa
ohba-kusu (japonais)	cinnamomum micranthum
oignon	allium cepa
oliban	boswellia ssp, dont b carterii, b serrata, b neglecta, b papyrifera, b frereana, b thurifera
olivier odorant (nom erroné)	osmanthus fragrans
onycha	styrax benzoe
opopanax de Chiron (et pas opoponax)	opopanax chironium
opoponax (et pas opopanax)	commiphora erythrea
orange amère	citrus aurantium var amara
orange bergamote	citrus aurantium subsp bergamia
orange cultivée	citrus sinensis
orange de Séville	citrus aurantium var amara
orange douce	citrus sinensis
orange sanguine	citrus sinensis var mori
oranger des savetiers	ocimum basilicum linné
oranger jasmin	murraya paniculata
oreille d'homme	asarum europaeum
origan à inflorescences compactes	origanum compactum
origan commun	origanum vulgare
origan compact	origanum compactum
origan de Crète	dictamnus creticus
origan de Grèce (nom partagé avec origanum hirtum)	origanum heracleoticum
origan des marais (nom faux)	eupatorium cannabinum
origan d'Espagne	corydothymus capitatum
origan dictamne	dictamnus creticus
origan mexicain (nom impropre et partagé)	lippia graveolens
origan mexicain (nom impropre et partagé)	plectranthus amboinicus
origan mexicain (nom impropre et partagé)	poliomintha longiflora
origan sauvage (nom confusif)	origanum vulgare
origan sauvage (nom confusif)	corydothymus capitatum
origan vert	origanum heracleoticum
origan vulgaire	origanum vulgare
orménie à fleurs mixtes	ormenis mixta
orménie noble	anthemis nobilis
orris pâle	iris palida

ortie dioïque	urtica dioica
orvale	salvia sclarea
osmanthe	osmanthus fragrans
osmanthus odorant	osmanthus fragrans
oud	aquilaria agalosha
palmarosa	cymbopogon martinii var motia
palo santo (nom partagé avec bulnesia sarmienti)	bursera graveolens
palo santo (nom partagé avec bursera graveolens)	bulnesia sarmienti
pamplemousse	citrus paradisi
panais	pastinaca sativa
panais cultivé	pastinaca sativa
panaka	pterocarpus santalinus
panet	pastinaca sativa
paprika	capsicum annuum
pastenade	pastinaca sativa
pastenaque	pastinaca sativa
patchouli	pogostemon cablin
patchouli de Java	pogostemon heyneanus
patte d'alouette	geranium robertianum
pèbre d'ail	satureja ssp
pélargonium (peut être rosat ou bourbon)	pelargonium capitatum
pélargonium (peut être rosat ou bourbon)	pelargonium graveolens
pélargonium (peut être rosat ou bourbon)	pelargonium x asperum
pélargonium à iso-menthone	pelargonium tomentosum
pélargonium à odeur de pomme	pelargonium odoratissimum
pélargonium du Kenya	pelargonium radens
pélargonium menthe	pelargonium tomentosum
pélargonium mentholé	pelargonium tomentosum
pélargonium menthone	pelargonium tomentosum
pélargonium tomenteux	pelargonium tomentosum
pélargonium zonal	pelargonium x fragrans (extipulatum x odoratissimum)
pélargonium-lierre	pelargonium peltatum
pélargoniums	pelargoniums toutes espèces dont surtout p capitatum, p graveolens, p x asperum
pémou	fokienia hodginsii
pennyroyal	mentha pulegium
pennyroyal américain (nom faux)	hedoma pulegioides
peppermint	mentha x piperita
perce-pierres	crithmum maritimum
perdrix	allium sativum
périle verte de Chine	perilla frutescens
périle verte sauvage	perilla frutescens
perovskia à feuille d'arroche	perovskia atriplicifolia
perowskia avec un w parfois à la française	perovskia atriplicifolia
persil chinois (nom erroné)	coriandrum sativum
persil cultivé	petroselinum sativum

persil des marais (nom faux)	anethum graveolens
persil frisé	petroselinum crispum
persil indien (nom erroné)	coriandrum sativum
persil plat	petroselinum sativum
pesse	picea abies
pétasite commun	petasites hybridus var hybridus
pétasite officinal	petasites hybridus var hybridus
pétasite hybride	petasites hybridus var hybridus
petit galanga	alpinia officinarum
petit grain, tous	citrus feuilles : voir l'agrume en question
petit longoze	aframomum angustifolium
petit thé des bois	gaultheria procumbens
petite camomille	matricaria recutita
petite cardamome	elettaria cardamomum
petite tagète	tagetes minuta
peumo (fausse synonymie : cryptocarya alba)	cryptocarya massoia
peuplier baumier	populus balsamifera
pied-de-muscade	myristica fragrans
pili-pili (nom partagé)	capsicum chinense pilipili
pili-pili (nom partagé)	capsicum annuum
pillolet	thymus serpyllum
piment aquatique (nom partagé avec polygonum hydropiper)	myrica gale
piment de la Jamaïque	pimenta dioica
piment des abeilles	melissa officinalis
piment d'Espelette	capsicum annuum
piment de Cayenne	capsicum annuum
piment habanero	capsicum chinensis
piment jalapeno	capsicum annuum
piment oiseau	capsicum annuum
piments et toute la famille des sous-sous-espèces	capsicum annuum
piment royal (nom confusif)	myrica gale
pimprenelle anisée (nom faux)	pimpinella sativa
pimprenelle d'Egypte (nom faux)	pimpinella sativa
pin à bois lourd	pinus ponderosa
pin à crochets	pinus uncinata
pin à longues feuilles	pinus palustris
pin blanc	pinus strobus
pin cembrat	pinus cembra
pin cembrot	pinus cembra
pin couché	pinus montana
pin crochu	pinus uncinata
pin d'Alep	pinus halopensis
pin de Corse	pinus nigra laricio
pin de Jérusalem	pinus halopensis
pin de Norvège	pinus sylvestris
pin de Patagonie (nom faux)	pinus ponderosa
pin de Weymouth	pinus strobus
pin d'Ecosse	pinus sylvestris
pin des Landes	pinus pinaster
pin des marais	pinus palustris
pin des montagnes (nom	pinus montana
parfois confusif avec pinus monticola)	
« pin » d'Oregon	pseudotsuga menziesii var menziesii
« pin » douglas (nom faux)	pseudotsuga menziesii var menziesii
pin jaune de l'ouest	pinus ponderosa
pin jaune des montagnes rocheuses	pinus ponderosa
pin jaune du nouveau monde	pinus ponderosa
pin laricio	pinus nigra laricio
pin lourd	pinus ponderosa
pin maritime	pinus pinaster
pin mugo	pinus montana
pin noir d'Espagne	pinus nigra nigra
pin pondéreux	pinus ponderosa
pin pumilio	pinus mugo var pumilio
pin rampant	pinus montana
pin rouge	pinus resinosa
pin sylvestre	pinus sylvestris
pistachier lentisque	pistacia lentiscus
pistachier térébinthe	pistacia terebinthus
pistou	ocimum basilicum
piri-piri	capsicum chinensis
pittosporum ondulé	pittosporum undulatum
plai	zingiber cassumnar
plante de lune	apium graveolens dulce
plante-curry	helichrysum angustifolia
platycodus orientalis	platycodus oriental
plectranthus	plectranthus fruticosus
poireau	allium ampeloprasum var porrum
poirette	allium ampeloprasum var porrum
poivre à queue	piper cubeba
poivre anisé (nom confusif)	zanthoxylum piperitum
poivre bétel	piper betle
poivre blanc (poivre noir sans sa coque)	piper nigrum
poivre brun (nom confusif)	zanthoxylum piperitum
poivre commun	piper nigrum
poivre cubèbe	piper cubeba
poivre d'ail	satureja ssp
poivre de Bourbon (nom faux)	schinus terebinthifolius
poivre de guinée	xylopia aethiopica
poivre de guinée (nom faux : xylopia aethiopica)	amomum meleguetta
poivre de Java (nom confusif)	piper cubeba
poivre de sichuan (nom erroné et partagé)	zanthoxylum piperitum
poivre de sichuan (nom erroné et partagé)	zanthoxylum simulans
poivre d'eau (nom faux)	polygonum odoratum
poivre des moines	vitex agnus-castus
poivre du paradis (nom confusif)	amomum meleguetta
poivre long	piper jaborandii
poivre noir	piper nigrum

poivre pédicillé (ancien nom)	piper cubeba	Madagascar)	
poivre rose (nom faux)	schinus terebinthifolius	reine des prés	filipendula ulmaria
poivre rouge (nom confusif)	zanthoxylum piperitum	renouée odorante (nom faux)	polygonum odoratum
poivrette	nigella damascena	rhodiola à odeur de rose	rhodiola rosea
poivrette bâtarde	nigella arvensis	rhododendron anthopogon	rhododendron anthopogon
poivrier bétel	piper betle	rhododendron du Groenland	rhododendron groenlandicum
poivrier californien (nom faux)	schinus molle	romarin à bornéone	rosmarinus officinalis officinalis camphoriferum
poivrier du Brésil (nom faux)	schinus terebinthifolius	romarin à camphre	rosmarinus officinalis officinalis camphoriferum
poivrier noir	piper nigrum	romarin à cinéole	rosmarinus officinalis officinalis cineoliferum
pomélo	citrus maxima		
ponchirade	melissa officinalis	romarin à verbénone	rosmarinus officinalis officinalis verbenoniferum
poncire commun	citrus limonum		
popinac	acacia farnesiana	romarin commun	rosmarinus officinalis officinalis
porreau	allium ampeloprasum var porrum	romarin CT bornéone	rosmarinus officinalis officinalis camphoriferum
pote	thymus spp		
poulliet	thymus serpyllum	romarin CT camphre	rosmarinus officinalis officinalis camphoriferum
prostanthera à feuilles de mélisse	prostanthera melissifolia	romarin CT cinéole	rosmarinus officinalis officinalis cineoliferum
pruche de Californie	tsuga heterophylla	romarin CT verbénone	rosmarinus officinalis officinalis verbenoniferum
pruche de Caroline	tsuga caroliniana		
pruche de l'est	tsuga canadensis	romarin des montagnes	rosmarinus pyramidalis
pruche de l'ouest	tsuga heterophylla	romarin officinal	rosmarinus officinalis officinalis
pruche des montagnes	tsuga mertensiana		
pruche subalpine	tsuga mertensiana	romarin prostré	rosmarinus officinalis var lavendulaceus
pseudopruche douglas bleu	pseudotsuga douglasii var glauca	romarin sauvage d'Afrique (nom faux)	eriocephalus africanus
pseudopruche douglas glauque	pseudotsuga douglasii var glauca		
pseudopruche douglas vert	pseudotsuga menziesii var menziesii	romarin-pin	rosmarinus officinalis var angustifolia
ptérocarpe rouge	pterocarpus santalinus	rosalina	melaleuca ericifolia
pucellière	myrica gale	rose blanche	rosa alba
putchaput	pogostemon cablin	rose cent feuilles	rosa centifolia
pyrèthre camomille	matricaria recutita	rose damascène	rosa damascena
quatre-épices	pimenta dioica	rose de Damas	rosa damascena
quatre-épices (nom faux : pimenta dioica)	pimenta racemosa	rose de mai	rosa centifolia
		rose de Provins	rosa gallica
quenettier rose	schleichera trijuga	rose des quatre saisons	rosa damascena
queue-de-lion	leonurus cardiaca	rose marine (nom confusif)	rosmarinus officinalis officinalis
quinquina aromatique (nom faux)	croton eleuteria		
racine-blanche	pastinaca sativa	rose rouge de Damas	rosa damascena
radis de cheval (nom faux)	cochlearia armoracia	roseau odorant	acorus calamus
raifort (sauvage ou grand)	cochlearia armoracia	roumaniéou	rosmarinus officinalis officinalis
rakthachandana	pterocarpus santalinus		
rambiazina femelle	helichrysum gymnocephalum	rudbeckie pourpre	echinacea purpurea
		rue des jardins	ruta graveolens
rambiazina mâle	helichrysum bracteiferum	rue fétide	ruta graveolens
ravensare anisé (nom faux)	agatophyllum aromatica cortex	rue officinale	ruta graveolens
		sabine	juniperus sabina
ravensare aromatique vrai écorce	agatophyllum aromatica cortex	safran des Indes (nom faux)	curcuma longa
		saigne-nez	achillea millefolium
ravensare aromatique vrai feuilles	agatophyllum aromatica foliae	salai	boswellia serrata
		salsepareille nationale (nom confusif)	humulus lupulus
ravintsare (nom ancien et confusif pour le camphrier quand il pousse au	cinnamomum camphora	samonty	pluchea grevei
		samphire	crithmum maritimum

sanguenite	santolina chamaecyparisus	sauge des prairies	salvia pratensis
sanna	hedychium spicatum	sauge des prés	salvia pratensis
santal blanc	santalum album	sauge d'Espagne	salvia lavandulifolia
santal d'Australie (nom faux)	eucarium spicatum	sauge divinatoire	salvia divinorum
		sauge franche	salvia officinalis
santal de Mysore	santalum album	sauge officinale	salvia officinalis
santal de Nouvelle-Calédonie	santalum australocaledonicum	sauge russe (nom faux)	perovskia atriplicifolia
		sauge sclarée	salvia sclarea
santal des Indes occidentales (nom faux)	amyris balsamifera	saule épineux (nom faux)	hippophae rhamnoides
		saussurée	saussurea costus
santal du Pacifique	santalum australocaledonicum	saveur	satureja ssp
		sentebon	mentha x piperita
santal noir (nom faux)	aquilaria agalosha	serpentine	artemisia dracunculus
santal pourpre (faux nom)	pterocarpus santalinus	serpolet	thymus serpyllum
santal rouge (faux nom)	pterocarpus santalinus	serpoule	thymus serpyllum
santalum à teinture	pterocarpus santalinus	serve	salvia officinalis
santalum des ébénistes	pterocarpus santalinus	séséli des montagnes (nom erroné)	levisticum officinale
santoline petit-cyprès	santolina chamaecyparisus		
sapin argenté	abies alba	sévéné ordinaire	brassica nigra
sapin baumier	abies balsamea	shaddock	citrus paradisi
sapin blanc	abies alba	shiba	artemisia arborescens
« sapin » bleu (nom faux)	picea pungens	shiso	perilla frutescens
sapin commun	abies alba	sho-gyu	cinnamomum kanehirai
sapin de l'Himalaya	abies spectabilis	sison	trachyspermum ammi
sapin de Nordmann	abies nordmanniana	skimmia à feuilles de laurier (nomenclature acceptée ?)	skimmia laureola
sapin de Sakhaline	abies sachalinensis		
sapin de Sibérie	abies sibirica	solidage du Canada	solidago canadensis
sapin de Vancouver	abies grandis	solidage pubérulent	solidago puberula
sapin de Webb	abies spectabilis	solidage verge d'or	solidago virga-aurea
« sapin » douglas (nom faux)	pseudotsuga menziesii var menziesii	solsequiam	calendula officinalis
		souchet à tubercules	cyperus rotundus
sapin du Caucase	abies nordmanniana	souchet cypriol	cyperus scariosus
sapin géant	abies grandis	souchet nagarmotha	cyperus scariosus
sapin pectiné	abies alba	souchet rond	cyperus rotundus
sapin respectable	abies spectabilis	souci (nom insuffisant)	calendula officinalis
« sapin » rouge (nom faux)	picea abies	souci des jardins	calendula officinalis
sapinette blanche	picea glauca	souci français (nom faux)	tagetes patula
saro	cinnamosma fragrans	sourcil de Vénus	achillea millefolium
sarothamne à balais	sarothamnus scoparius	spearmint	mentha spicata
sarrapia	dipteryx odorata	spirée ulmaire	filipendula ulmaria
sarriette des jardins	satureja hortensis	storax (nom faux)	liquidambar orientalis
sarriette des montagnes	satureja montana	storax (nom faux)	liquidambar styraciflua
sarriette d'été	satureja hortensis	styrax (nom faux)	liquidambar orientalis
sarriette d'hiver	satureja montana	styrax (nom faux)	liquidambar styraciflua
sarriette vivace	satureja montana	styrax (nom insuffisant)	styrax benzoe
sarriettes, toutes	satureja ssp	styrax officinal	styrax officinalis
sassafras à feuilles variables	sassafras albidum	sugandha	cinnamomum polyandrum
sassafras blanc	sassafras albidum	sugandha kokila	cinnamomum glaucescens
sassafras de Chine (nom faux)	cinnamomum micranthum	sugi	cryptomeria japonica
		sumac cotinus	rhus cotinus
saudzette	salvia officinalis	surungi (espèce incertaine)	mammea longifolia
sauge (nom confusif)	salvia officinalis	tabac commun	nicotiana tabacum
sauge à feuilles de lavande	salvia lavandulifolia	tabac de mouton	arnica montana
sauge amère (nom confusif)	teucrium chamaedrys	tabac de Virginie	nicotiana tabacum
sauge blanche	salvia apiana	tabac des Vosges	arnica montana
sauge commune	salvia officinalis	tacamahac	populus balsamifera
sauge d'Afganistan (nom faux)	perovskia atriplicifolia	tagète à petites feuilles	tagetes tenuifolia
		tagète glanduleuse	tagetes glandulifera
sauge de Grèce	salvia fruticosa	tagète souci-français	tagetes patula
sauge des pauvres (nom faux)	satureja ssp	tamarack	larix lariciana
		tanacée	tanacetum vulgare

tanaisie annuelle	tanacetum annuum	thym à bornéol (nom insuffisant)	thymus satureioides borneoliferum
tanaisie parthénium	tanacetum parthenium	thym à carvacrol (nom insuffisant)	thymus satureioides carvacroliferum
tanaisie vulgaire	tanacetum vulgare	thym à feuilles de sarriette à bornéol	thymus satureioides borneoliferum
tangérine	citrus reticulata ssp	thym à feuilles de sarriette à carvacrol	thymus satureioides carvacroliferum
taratana	rhus taratana	thym à senteur de carvi	thymus herba-barona
taxandria fragrant	taxandria fragrans	thym à senteur de lavande à cinéole	thymus mastichana cineoliferum
tea-tree (nom confusif)	leptospermum scoparium		
tea-tree à bois blanc	melaleuca leucadendron	thym à senteur de lavande à linalol	thymus mastichana linaloliferum
tea-tree à écorce de papier	melaleuca cajeputii		
tea-tree à feuilles érigées	melaleuca ericifolia	thym à thymol (nom insuffisant)	thymus vulgaris thymoliferum
tea-tree blanc (nom confusif avec melaleuca leucadendron)	melaleuca cajeputii	thym à très grandes fleurs	corydothymus capitatum
		thym bâtard	thymus serpyllum
tea-tree citronné (nom partagé avec leptospermum leversidgei)	leptospermum petersonii	thym blanc (nom confusif)	thymus serpyllum
		thym blanc à bornéol (nom confusif)	thymus satureioides borneoliferum
tea-tree de Nouvelle-Zélande (nom confusif)	leptospermum scoparium	thym blanc à carvacrol (nom confusif)	thymus satureioides carvacroliferum
tea-tree des marais	melaleuca cajeputii	thym carvi	thymus herba-barona
tea-tree lavande (nom partagé)	melaleuca ericifolia	thym citron	thymus citriodorus
		thym citronné	thymus citriodorus
tea-tree leucadendron	melaleuca leucadendron	thym de Candie	corydothymus capitatum
tea-tree m.a.	melaleuca alternifolia	thym de Corse	thymus herba-barona
tejpat	cinnamomum tamala	thym de Crète	corydothymus capitatum
térébinthe (nom confusif)	pistacia terebinthus	thym de Dioscoride	corydothymus capitatum
terre-mérite aromatique	curcuma aromatica	thym de la Bétique	thymus baeticus
terre-mérite long	curcuma longa	thym des champs	thymus serpyllum
thé	camellia sinensis	thym des chats (nom erroné)	teucrium marum
thé arabe	lippia citriodora		
thé de France	melissa officinalis	thym des montagnes	thymus serpyllum
thé de Gambie (nom confusif)	lantana camara	thym des steppes (nom faux)	artemisia herba-alba
thé de Gambie (nom confusif)	ocimum gratissimum	thym d'Espagne (nom confusif)	thymus zygis
thé de Grèce	salvia fruticosa	thym doux à géraniol	thymus vulgaris geranioliferum
thé de Provence	salvia officinalis		
thé des bergères	thymus serpyllum	thym doux à linalol	thymus vulgaris linaloliferum
thé des Jésuites	ilex paraguayensis		
thé d'Europe (nom confusif)	salvia officinalis	thym doux à paracymène	thymus vulgaris paracymeniferum
thé d'Europe (nom confusif)	tilia cordata		
thé d'Oswego	monarda didyma	thym doux à thujanol-4	thymus vulgaris thujanoliferum
thé du Brésil	ilex paraguayensis		
thé du Labrador	rhododendron groenlandicum	thym fort (nom insuffisant et confusif)	thymus vulgaris thymoliferum
thé du Paragay	ilex paraguayensis	thym hérissé	thymus hirtus
thé mexicain (nom confusif)	dysphania ambrosioides	thym maraîcher	thymus vulgaris ssp CT
thé sacré	salvia officinalis	thym rouge (nom confusif)	thymus vulgaris carvacroliferum
thériaque d'Angleterre	teucrium chamaedrys		
thériaque des paysans	allium sativum	thym rouge (nom confusif)	thymus vulgaris thymoliferum
thuya (nom insuffisant)	thuja occidentalis		
thuya de Chine	platycodus orientalis	thym rouge (nom confusif)	thymus zygis
thuya de Lobb	thuja plicata	thym saturéioïde à bornéol	thymus satureioides borneoliferum
thuya d'Orient	platycodus orientalis		
thuya du Canada	thuja occidentalis	thym saturéioïde à carvacrol	thymus satureioides carvacroliferum
thuya du Japon	thuja standichii		
thuya géant	thuja plicata	thym sauvage (nom confusif)	thymus mastichana cineoliferum
thuya géant de Californie	thuja plicata		
thuya malonyana	thuja malonyana		
thuya occidental	thuja occidentalis		
thuya oriental	platycodus orientalis		
thuyopsis	thujopsis dolobrata		

thym sauvage (nom confusif)	thymus serpyllum	vanille de Tahiti	vanilla tahitensis
thym sauvage d'Espagne à cinéole	thymus mastichana cineoliferum	vanillier (nom insuffisant)	vanilla planifolia
		vanillier commun	vanilla planifolia
thym sauvage d'Espagne à linalol	thymus mastichana linaloliferum	vanillier de Tahiti	vanilla tahitensis
		vatany	cedrelopsis grevei
thym serpolet	thymus serpyllum	verge d'or	solidago virga-aurea
thym vulgaire	thymus vulgaris ssp CT	verge d'or du Canada	solidago canadensis
thym vulgaire à carvacrol	thymus vulgaris carvacroliferum	verge d'or pubérulente	solidago puberula
		vergerette de Buenos Aires	coniza bonariensis
thym vulgaire à géraniol	thymus vulgaris geranioliferum	vergerette de Naudin	coniza bonariensis
		vergerette du Canada	coniza canadensis
thym vulgaire à linalol	thymus vulgaris linaloliferum	vergerolle du Canada	coniza canadensis
		verveine à trois feuilles	lippia citriodora
thym vulgaire à paracymène	thymus vulgaris paracymeniferum	verveine anisé	lippia alba
		verveine blanche	lippia alba
thym vulgaire à thujanol-4	thymus vulgaris thujanoliferum	verveine citronnée	lippia citriodora
		verveine citronnelle	lippia citriodora
thym vulgaire à thymol	thymus vulgaris thymoliferum	verveine commune	verbena officinalis
		verveine de Java	lippia javanica
thym zaatar	corydothymus capitatum	verveine des Indes	cymbopogon citratus
thym zygis	thymus zygis	verveine du Pérou	lippia citriodora
thyms, tous	thymus spp	verveine du Yunnan (nom faux)	litsea cubeba
tillau	tilia cordata		
tillet	tilia cordata	verveine odorante	lippia citriodora
tilleul à grandes feuilles	tilia platyphyllos	verveine officinale	verbena officinalis
tilleul à petites feuilles	tilia cordata	vétiver	chrysopogon zizanoides
tilleul commun	tilia x vulgaris	vigne du nord (nom confusif)	humulus lupulus
tilleul hybride	tilia x vulgaris		
tilleul sylvestre	tilia sylvestris	viole de mars	viola odorata
timu (en Corse)	thymus herba-barona	violette (nom insuffisant)	viola odorata
timur	zanthoxylum armatum	violette douce	viola odorata
todo	abies sachalinensis	voretra	rhus taratana
tolongoala	vepris madagascariensis	wintergreen oil (nom confusif entre les espèce et avec le salycilate de méthyle de synthèse)	gaultheria frangrantissima
tonka	dipteryx odorata		
toute bonne	salvia sclarea		
trachelospermum-jasmin	trachelospermum jasmidoides		
		wintergreen oil (nom confusif entre les espèce et avec le salycilate de méthyle de synthèse)	gaultheria procumbens
trigonelle	trigonella foenum-graecum		
tsidingadingana	psiadia altissima		
tsongoma	psidium littorale	yerba maté	ilex paraguayensis
tsuga du Canada	tsuga canadensis	ylang-ylang	cananga odorata var genuina
tubéreuse	polianthes tuberosa		
tulsi	ocimum sanctum	yucatan-élémi	amyris plumieri
turmeric aromatique	curcuma aromatica	zanthoxyle acanthopodium	zanthoxylum acanthopodium
turmeric long	curcuma longa		
ulmaire	filipendula ulmaria	yuzu	citrus junos
vacouet	pandanus tectorius	zanthoxyle armatum	zanthoxylum armatum
vacquoi	pandanus tectorius	zanthoxyle fagara	zanthoxylum fagara
valériane des Indes	valeriana walichii	zanthoxyle lime	zanthoxylum fagara
valériane des marais	valeriana dioica	zanthoxyle poivre de sichuan (nom partagé)	zanthoxylum piperitum
valériane dioïque	valeriana dioica		
valériane fauriei	valeriana fauriei	zanthoxyle poivre de sichuan (nom partagé)	zanthoxylum simulans
valériane italienne	valeriana italica		
valériane officinale	valeriana officinalis	zanthoxyle poivre de szechuan (nom partagé)	zanthoxylum piperitum
valériane officinale à feuilles larges	valeriana officinalis var latifolia		
		zanthoxyle poivre de szechuan (nom partagé)	zanthoxylum simulans
valériane tubéreuse	valeriana palustre		
valomahamay	cedrelopsis grevei	zanthoxyle rhetsa	zanthoxylum rhetsa
vanille (nom insuffisant)	vanilla planifolia	zatar (nom arabe)	corydothymus capitatum
vanille commune	vanilla planifolia	zdravets	geranium macrorrhizum

zedoar (nom faux)	hydicum spicatum
zédoaire long	curcuma zedoaria
zédoaire rond	curcuma zerumbet
zerumbet (nom confusif)	alpinia zerumbet
zerumbet (nom confusif)	curcuma zerumbet
zinziba	lippia javanica

Les Répertoires Böhning des huiles essentielles   Marc Ivo Böhning

Les Agrumes

Le **nom du fruit** tout seul signifie la même chose que celui-ci suivi du mot **zeste** : une extraction à froid du flavéum (couche externe du zeste) par pression (ou hélas aussi par grattage). Il s'agit d'essence.

L'appellation **Petit grain** reflète la distillation des feuilles à la vapeur d'eau. Le nom de l'arbre ou du fruit de ce dernier suit toujours. Le nom latin est parfois suivi de folia ou folium. Il s'agit d'huile essentielle.

Le terme **Néroli** décrit la distillation à la vapeur d'eau des fleurs. Principalement, il s'agit des fleurs de l'Oranger amer ou Bigaradier bien que d'autres très rares agrumes puissent être employés. Il s'agit d'huile essentielle ou d'absolu.

Cedrat	C. medica var. vulgaris	
	Cédratier. Le mot medica vient de ce qu'ils étaient cultivés à Medie, pas de leur emploi en officine.	
Bergamote	Voir Orange	
Bigarade	Voir Orange	
Citron	Citrus limonum	
	Poncire commun (Citron vert : voir Lime)	
Citron de Java	Citrus jambhiri (var. estes et var. milam)	
	Citron jambhiri, Jambhiri	
Clémentine	Citrus clementina	
	Mandarine algérienne. Une espèce autre proche de la Mandarine.	
Combava	Citrus hystrix, Fortunella sagittifolia, C. papedia, C. amblycarpa	
	Makrut, Limettier hérissé, Lime de Cafre, Lime Kafir, Jeera, Jeruk purut, Lime leech, Citron vert thaïlandais, familier : Citron porc-épic.	
Grapefruit	Citrus paradisi, C. racemosa, C. maxima var. racemosa	
	Pamplemousse, Schaddock	
Kalamansi	Citrus microcarpa, C. mitis	
	Lime philippine, Limette des Philippines, Lime musquée, ce n'est pas le Calamondin (une espèce de Mandarine) et ne pas confondre avec la Kamansi, autre fruit des Philippines mais pas un Citrus.	
Kumquat	Citrus japonica, Citrus fortunelle japonica, Fortunella japonica et autres sous-espèces d'appellations de Fortunella spp. Le Citrus margarita est le Kumquat ovale.	
Lime	Citrus aurantifolia, C. acris, C. latifolia, C. medica var acida	
	Synonyme de Citron vert. N'est pas synonyme de Limette.	
Limette	Citrus medica var. limetta, C. limetta	
	N'est pas synonyme de Lime.	
Mandarine	Citrus reticulata, C. deliciosa, C. nobilis, C. unshiu, C. madurensis	
	Mandarine verte et Mandarine rouge, le Calamondin est une variété de Mandarine.	
Néroli	Ne reflète pas le nom d'une espèce mais d'une distillation à la vapeur d'eau des fleurs. Voir ci plus haut sous Néroli. Il s'agit généralement du Citrus aurantium var. amara (Oranger amer ou Bigaradier).	
Orange	Bergamote	Citrus aurantium subsp. bergamia, C. bergamia
	Bigarade ou Or. amère ou Or. de Séville	Citrus aurantium subp aurantium, C. aurantium var. amara,C. bigaradia, C. vulgaris. C'est cet arbre qui donne d'habitude le Néroli.
	Or. douce ou Or. cultivée	Citrus sinensis, C. aurantium var. dulcis, C. dulcis, C. aurantium var. sinensis
	Or. sanguine	Citrus sinensis var. mori, C. aurantium var. mori, C. dulcis var. mori
Petit grain	Ne reflète pas le nom d'une espèce mais d'une distillation à la vapeur d'eau des feuilles. Voir ci plus haut sous Petit grain.	
Pomelo	Citrus maxima	
Tangérine	Citrus reticulata ssp., C. deliciosa ssp., C. nobilis ssp., C. unshiu ssp.	
	Mandarine américaine. Certains auteurs la décrivent comme une sous-espèce, d'autres comme un cultivar, d'autres comme une autre espèce. En tout cas, elle n'en a pas la même complexité chimique.	
Yuzu	Citrus junos	
	Citron du Japon	

Les Camomilles

Nom commun juste			
Camomille matricaire	Camomille mixte	Camomille noble	Camomille suave
Noms latins			
Matricaria recutita Chamomilla matricaria Chamomilla officinalis Chamomilla recutita Chrysanthemum chamomilla Matricaria chamomilla	**Ormenis mixta** Anthemis mixta Chamaemelum mixtum Chamaemelum ormensis Ormenis multicaulis	**Anthemis nobilis** Chamaemelum nobile Matricaria chamaemelum nobile Ormenis nobilis	**Matricaria discoides** Chamomilla suaveolens Matricaria matricarioides Matricaria suaveolens
Autres noms courants			
Camomille allemande Camomille bleue Camomille bleue allemande Camomille commune Camomille ordinaire Camomille sauvage (nom partagé) Matricaire Œil du soleil Petite camomille Pyrèthre camomille	Anthémis panachée Camomille marocaine Camomille sauvage (nom partagé) Orménie à fleurs mixtes	Anthémis noble Anthémis odorante Camomille romaine Herbe de lion Orménie noble	Camomille odorante Matricaire discoïde Matricaire fausse camomille Matricaire sans ligules (en anglais Mayweed ou Pineapple weed)

La Tanaisie annuelle (Tanacetum annuum) est parfois appelée "Camomille bleue", ce qui est tout à fait faux. Elle est une autre plante, bien distincte botaniquement et thérapeutiquement.

Les Piments : le Bay Saint-Thomas et le Quatre-Epices

Il faut savoir que la confusion chez les Piments est quasi générale et englobe toutes les langues. Il convient donc de ne pas se fier à une appellation anglaise par exemple et même pas latine. Seule l'origine (certifiée !!) d'une plante nous donne une bonne idée de qui elle est dans cette famille.

Quatre-épices	*Bay Saint-Thomas*
= Piment de la Jamaïque en Anglais : Allspice	= Bay en Anglais : West-Indian bay
Pimenta dioica = Pimenta officinalis	Pimenta racemosa = Pimenta acris = Caryophyllus racemosus
Amérique centrale et Caraïbes (ou en culture spécifique ailleurs)	**Indes occidentales** (ou en culture spécifique ailleurs)
feuilles pointues fruits ronds verts à noir-mauve, diamètre 10-15mm	feuilles non pointues fruits noirs ovoïdes, diamètre 1,5cm

Autres plantes appelées Piment :

<u>Piment</u> Paprika Piment-oiseau Piment de Cayenne Piment d'Espelette Poivron Jalapeño Pili-pili Il s'agit de différentes sous-espèces.	=	Capsicum annuum et spp

Piment aquatique	{ = { =	Polygonum hydropiper Myrica gale
Piment des abeilles	=	Melissa officinalis
Piment aquatique	=	Polygonum piper
Piment de Cayenne	=	Capsicum frutescens
Piment-Laurier	=	Cinnamomum polyanthum
Piment royal	=	Myrica gale
Piment tejpat	=	Cinnamomum tamala

Les Cumins, Nigelles et affiliés

Nom vernaculaire	Noms latins justes	Noms vernaculaires faux
Ajowan Apiacée (ombellifère)	Bunium copticum Carum ajowan Carum copticum Ptychotis ajowan Sison ammi Trachyspermum ammi Trachyspermum	Carvi Céleri
Carvi Apiacée (ombellifère)	Apium carvi Bunium carum Carum carvi	Cumin Ajowan
Cumin blanc Apiacée (ombellifère)	Cuminum cyminum	Confusion fréquente dès la sémantique avec le Carvi.
Cumin noir Apiacée (ombellifère)	Bunium persicum Carum bulbocastanum Clarke (!) (la mention Clarke doit figurer) Carum heterophyllum	
Nigelle bâtarde Renonculacée	Nigella arvensis Nigella latifolia Nigella tenuiflora	Nielle des blés (Agrostemma githago, toxique mortel) Parfois son nom latin est accolé à tort à côté de Nigella sativa pour les descriptions de l'huile essentielle de Nigelle.
Nigelle cultivée Renonculacée	Nigella indica Nigella sativa (!) Nigella truncate	Cumin noir (!)
Nigelle de Damas Renonculacée	Nigella coerulea Nigella damascena Nigella multifida	Cumin de Damas Cumin noir Parfois nommée en parallèle à la Nigelle dans les descriptions de l'huile essentielle de cette dernière. Graine d'oignon.

On trouve quelques autres nomenclatures confusives :

L'Anis vert (Pimpinella anisum) est parfois nommé à tort Cumin doux ou Cumin sucré.
L'Ammi visnaga ou Khella (Ammi visnaga) est parfois confondu avec l'Ajowan de par leur partage d'une partie de leurs noms latins respectifs.

Les Lavandes et Lavandins

Nom commun			
Lavande vraie	Lavande aspic	Lavande stoechade	Lavandin
Nom latin moderne			
Lavandula angustifolia	Lavandula latifolia	Lavandula stoechas	Lavandula hybrida
Ancien(s) nom(s) latin(s)			
L. vera L. officinalis	L. spica		L. X intermedia spp. L. var. X var. spp. L. burnatii spp.
Autres noms courants			
L. officinale L. à feuilles étroites L. noble L. fine L. extra L. de Haute Provence	L. à feuilles larges L. à venin	L. stéchas L. maritime L. papillon L. cotonnée	Lavande hybride
Sous-espèces courantes			
L. a. Maillette L. a. Matheronne L. a. delphinensis L. a. fragrans L. bleue et super bleue		L. stoechas pedunculata (c'est elle qui est appelée L. papillon le plus souvent)	L.in abrial L.in grosso L.in reydovan L.in sumian L.in super

Mode de vie et de reproduction

Lavandes de population	Lavandes clonées	Lavandes hybrides (aussi clonées)
Lavande vraie Lavande aspic Lavande stoechade	Lavande Maillette (cultivar de Lavande vraie) Lavande Matheronne (cultivar de Lavande vraie)	Lavandins : L.in abrial, L.in grosso, L.in reydovan, L.in sumian et L.in super

Chémotypes

L. vraie — Esters (acétate de linalyle 30-45%)
Monoterpénols (linalol <36%)

L. aspic — Oxydes jusqu'à 40% (1,8-cinéole 16-39%)
Monoterpénones (camphre 6-20%)

Lavandins — Monoterpénols (linalol 20-40%)
Esters (acétate de linalyle 20-40%)
Monoterpénones (camphre 5-15%)
Oxydes (1,8-cinéole 2-15%)

L. stoechade — Monoterpénones 70-80% (fenchone 45-50% !
camphre 15-30%)
Monoterpènes 10%
Oxydes (1,8-cinéole qqs %)
Pas d'acétate de linalyle décelable

Test organoleptique (les reconnaître à l'odeur) :

L. vraie — Odeur très sucrée et tout à fait exempte (!!!) d'odeur camphrée ou d'Eucalyptus.

L. aspic — Odeur semblable à la Lavande vraie avec une touche camphrée-Eucalyptus nette. Elle est un peu moins forte.

Lavandins — Idem Lavande aspic (camphrée-Eucalyptus). La fleur et la terre sont souvent plus présents.

L. stoechade — Odeur bien à elle ne rappelant pas la Lavande, pugnace et ne plaisant pas à tous.

Myrrhe molmol et Myrrhe classique

La Myrrhe molmol est devenue un phénomène de mode... et elle le mérite, tant ses vertus sont extraordinaires.

Cependant ce qui accompagne cet engouement justifié pose quelques difficultés. En effet de nombreux distributeurs tentent d'en profiter. Surtout qu'il y a du flou au niveau des noms des différentes Myrrhes.

Faisons donc la différence

Nom latin juste	Noms latins synonymes	Nom vernaculaire français
commiphora myrrha	balsamodendron myrrha	**myrrhe classique** myrrhe commune
commiphora molmol	commiphora myrrha var molmol balsamodendron molmol (nom adapté) balsamodendron myrrha var molmol (nom adapté)	**myrrhe molmol** molmol

Et quelques autres Myrrhes :

commiphora africana	balsamea pilosa balsamodendron africanum commiphora nkolola commiphora pilosa commiphora rubriflora	myrrhe gomme-poison bdelium (nom partagé)
commiphora erythrea	commiphora kataf commiphora holtziana hemprichia erythrea	myrrhe d'Erythrée opoponax (et pas opopanax)
commiphora habessinica	commiphora abyssinica balsamea abyssinica	myrrhe d'Abyssinie myrrhe du Yemen
commiphora kua		myrrhe kua
commiphora wightii	commiphora mukul balsamodendron wightii balsamodendron mukul	bdelium (nom partagé) bdelium de l'Inde guggul

(Tableaux extraits des pages précédentes.)

Il y a des vendeurs qui commencent à vendre leur Myrrhe classique sous le nom Myrrhe molmol. C'est malhonnête! Ils cherchent à surfer sur le fait que l'on commence à en parler en bien parce que c'est vrai qu'elle est magique. Donc méfiez-vous.

Il est vrai, à leur décharge que les classifications botaniques actuelles sont floues. Myrrhe classique et Myrrhe molmol sont souvent classées en tant que synonymes. Sur le terrain, cela semble pourtant faux. Ce sont des arbres distincts qui donnent des oléorésines distinctes. Les huiles essentielles de ces deux arbres, justement, ne sont pas confusibles. Elles sont très différentes et voici les clés pour les déterminer.

Quant à savoir à quel degré botanique exactement les deux espèces sont séparées, je ne suis pas qualifié pour prendre position.

- **LA MYRRHE CLASSIQUE** est brune, visqueuse, collante et sent l'église orthodoxe. Elle cristallise vite et devient solide avec le temps.

- **LA MYRRHE MOLMOL** est translucide et quasi-incolore, parfaitement fluide et sent un mélange de conifères-térébentine, Limette et bonbons au cola de notre enfance.

Il y a plusieurs vendeurs qui vendent la bonne sous le bon nom, heureusement. Continuons à leur faire confiance. L'analyse chromatographique peut faire la différence !

- LA MYRRHE CLASSIQUE

Sesquiterènes surtout.
Molécules individuellement très variables, mais parmi elles, il doit y en avoir une grande proportion de celles-ci :
    furanoeudesma-1,3-diène
    delta-élémène
    alpha-élémène
    beta-élémène
    gamma-élémène
    curzérène
    lindéstrène
    ...

- LA MYRRHE MOLMOL

Monoterpènes surtout.
    alpha-pinène en général plus de 50%, mais en tout cas largement majoritaire.
    Aussi :
    beta-pinène
    delta-3 carène
    alpha-terpinolène
    ...

Les propriétés des deux huiles essentielles sont très sensiblement les mêmes.

- LA MYRRHE CLASSIQUE

Elle est sédative.
Elle est beaucoup plus utérotonique semble-t-il (mais cela nécessite encore quelques recherches... Avis aux intéressés.)
Elle est plus douce avec la peau et pique moins quand on l'applique sur des plaies ouvertes.
Elle est la seule des deux à être anaphrodisiaque.
Elle a un effet anti-diarrhéique directe plus efficace (astringeance).

- LA MYRRHE MOLMOL

Elle est, a contrario, plutôt stimulante bien qu'elle reste extrêmement antistress. Amis de la dualité bonsoir.
Elle ne semble pas être utérotonique. Donc la contre-indication pourrait sauter, mais gardons le principe de précaution.
Elle est largement aussi cicatrisante sinon plus. Plus encore que le Ciste à mon avis.
Elle est un peu plus analgésique (antidouleurs). Notamment dans les cas de brûlures où elle est épatante.
Elle marche tout aussi bien sinon mieux sur les gencives des bébés pendant la pousse des dents.
Elle est plus facile d'emploi car elle est liquide.

Et pour répondre d'avance aux demandes (il y en a déjà eu)...

Non, je ne ferai pas de liste des vendeurs indélicats. Ce ne serait pas très éthique de ma part. Par contre, **je travaille très fort pour vous à vous donner des outils** pour que vous puissiez ne pas vous "faire avoir", faire de la bonne aromathérapie et être toujours en sécurité et en paix. A vous de choisir un distributeur de confiance et de qualité et, en plus, de vérifier quelle Myrrhe on vous vend.

Les Conifères

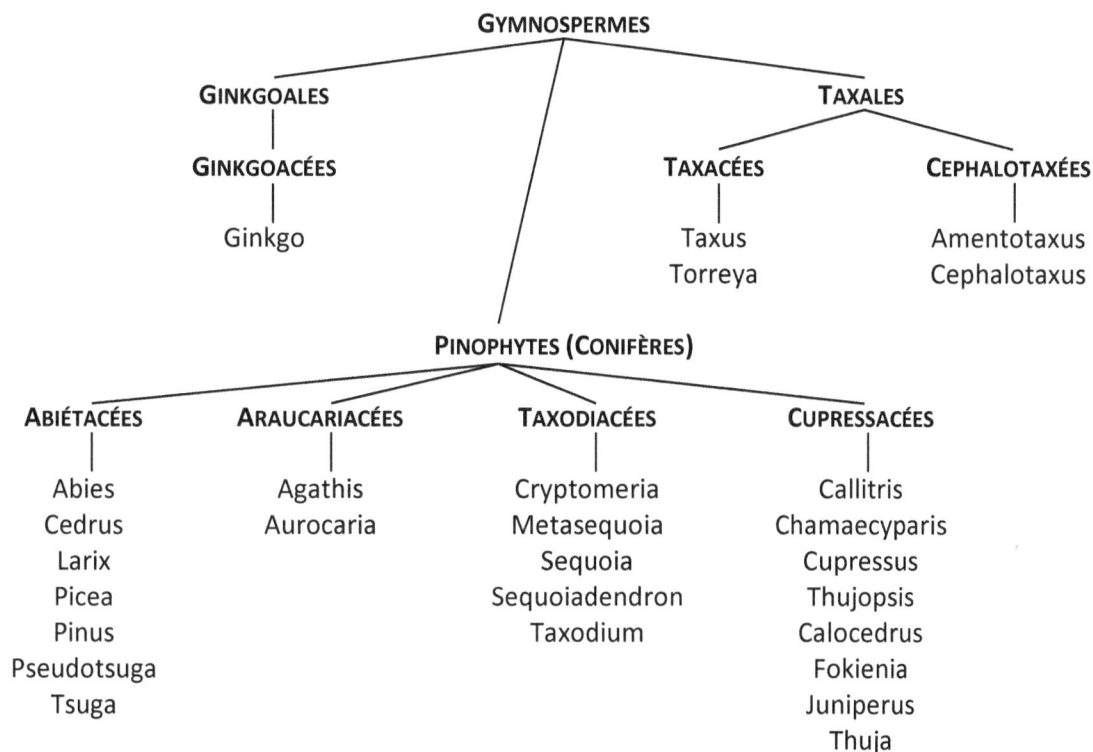

GYMNOSPERMES

GINKGOALES

GINKGOACÉES

Ginkgo

TAXALES

TAXACÉES

Taxus
Torreya

CEPHALOTAXÉES

Amentotaxus
Cephalotaxus

PINOPHYTES (CONIFÈRES)

ABIÉTACÉES

Abies
Cedrus
Larix
Picea
Pinus
Pseudotsuga
Tsuga

ARAUCARIACÉES

Agathis
Aurocaria

TAXODIACÉES

Cryptomeria
Metasequoia
Sequoia
Sequoiadendron
Taxodium

CUPRESSACÉES

Callitris
Chamaecyparis
Cupressus
Thujopsis
Calocedrus
Fokienia
Juniperus
Thuja

1. Les Abiétacées

Les Cèdres

Cèdre de l'Atlas	Cedrus atlantica Minetti Cèdre de l'Atlantique
Cèdre de Chypre	Cedrus brevifolia Cèdre à feuilles courtes
Cèdre déodar	Cedrus deodara Loud Cèdre de l'Himalaya
Cèdre du Liban	Cedrus libani

Les Épinettes

Épicéa commun	Picea abies, Picea excelsea Épicéa européen, Épinette européenne, Pesse ou Sapin rouge (nom faux ; ce n'est pas un Sapin)
Épinette blanche	Picea glauca, Picea alba, Picea canadensis Épicéa blanc, Sapinette blanche
Épinette bleue	Picea pungens, Picea parryana Épicéa bleu, Épicéa du Colorado. Très improprement appelé "Sapin" bleu par nombre d'horticulteurs.
Épinette noire	Picea mariana, Picea nigra Épicéa noir
Épinette rouge	Picea rubens Épicéa rouge. Le nom Epinette rouge est souvent donné à tort au Mélèze américain et au Pin rouge.

Les Mélèzes

Mélèze américain	Larix lariciana, Larix americiana Mélèze du Canada, Tamarack, Mélèze laricin, Épinette rouge (faux nom)
Mélèze commun	Larix decidua, Larix europaea Mélèze d'Europe

Les Pins

Pin à longues feuilles	Pinus palustris, Pinus longifolia Pin des marais
Pin blanc	Pinus strobus
Pin cembrot	Pinus cembra Pin cembrat, Arolle, Alvier
Pin crochu	Pinus uncinata, Pinus montana uncinata, Pinus mugo var. rostrata. Il est une variété de Pin mugo selon la majorité des biologistes. Pin à crochet
Pin d'Alep	Pinus halopensis, pinus halepensis Pin de Jérusalem
("Pin") Douglas	Pseudotsuga menziesii, Pseudotsuga douglasii Ce n'est pas un Pin mais il est un conifère et cela suffit à ce qu'on lui donne parfois à tort le nom de Pin et plus souvent encore celui de Sapin (qu'il n'est pas non plus). **Douglas**, Pin d'Oregon, Pin de Douglas
Pin gris	Pinus divaricata
Pin laricio	Pinus nigra laricio Pin de Corse
Pin maritime	Pinus pinaster, Pinus maritima Pin des Landes
Pin mugo	Pinus montana, Pinus mugo Pin des montagnes. Pinus monticola, une autre espèce, est parfois appelée Pin des Montagnes.
Pin noir d'Autriche	Pinus nigra nigra, Pinus nigra austriaca
Pin pondéreux	Pinus ponderosa Pin ponderosa, Pin à bois lourd, Pin lourd, Pin jaune de l'ouest, Pin jaune du nouveau monde, Pin jaune des montagnes rocheuses (Pin de Patagonie : faux nom)
Pin pumilio	Pinus mugo var. pumilio, Pinus montana var. pumilio
Pin rouge	Pinus resinosa
Pin sylvestre	Pinus sylvestris Pin de Norvège, Pin d'Écosse

Les Pruches

Pruche de l'est	Tsuga canadensis Pruche, Hemlock
Pruche de Caroline	Tsuga caroliniana Pruche de Caroline
Pruche des montagnes	Tsuga mertensiana Pruche subalpine
Pruche de l'ouest	Tsuga heterophylla Pruche de Californie

Les Pseudotsugas

Douglas vert	Pseudotsuga menzesii var menziesii, Pseudotsuga douglasii var menziesii Douglas latifolié, Pin d'Oregon, Sapin de Douglas (deux noms erronés)
Douglas bleu	Pseudotsuga menziesii var glauca, Pseudotsuga douglasii var glauca Il est une sous-espèce du Douglas vert.

Les Sapins

Sapin baumier	Abies balsamea, Abies balsamifera, Abies hudsonia Baume du Canada, nom parfois donné à la résine
Sapin blanc	Abies alba, Abies pectinata Sapin argenté, Sapin commun, Sapin pectiné. Ne pas confondre avec le Sapin blanc du Colorado, ni avec le S argenté du Pacifique, aussi appelé parfois S. pectiné (Abies amabilis).
Sapin de l'Himalaya	Abies spectabilis, Abies webbiana Sapin respectable, Sapin de Webb
Sapin de Sakhaline	Abies sachalinensis, Abies nephrolepis ssp sachalinensis Todo
Sapin de Sibérie	Abies sibirica
("Sapin") Douglas	Pseudotsuga menziesii, Pseudotsuga douglasii Ce n'est pas un Sapin mais en est tellement proche dans plusieurs aspects qu'on lui donne parfois à tort le nom de Sapin et plus rarement celui de Pin (qu'il n'est pas non plus). **Douglas**, Pin d'Oregon, Pin de Douglas

Sapin du Caucase	Abies nordmanniana, Abies caucasica
	Sapin de Nordmann
Sapin géant	Abies grandis, Abies excelsior
	Sapin de Vancouver, Grand sapin

2. Les Cupressacées

Les Calocedrus

Calocèdre

Calocedrus decurrens
Libocèdre à feuilles décurrentes, "Cèdre" à encens, "Cèdre" blanc

Les "Cyprès"

Callitris
Cyprès bleu d'Australie

Callitris intratropica, Callitris columellaris intratropicalis
ABC (pour Australian Blue Cypress), Cypressence

Chamaecyparis
Cyprès Hinoki

Chamaecyparis obtusa
Cyprès du Japon

Cyprès de Lawson

Chamaecyparis lawsoniana
Tous les noms des différents cultivars

Cyprès de Nootka

Chamaecyparis nootkatensis, Cupressus nootkatensis (faux nom)

Cupressus
Cyprès bleu d'Arizona

Cupressus arizonica, Cupressus glabra, Cupressus arizonica glauca
Cyprès de l'Arizona

Cyprès de Goa

Cupressus lusitanica
Cèdre de Goa (nom faux)

Cyprès toujours vert

Cupressus sempervirens
Cyprès de Provence, Cyprès

Fokienia
Bois de Siam

Fokienia hodginsii, Chamaecyparis hodginsii
(encore classé par certains botanistes parmi les chamaecyparis)
Cyprès de Fujian, Pémou

Les Genévriers

Genévrier cade

Juniperus oxycedrus
Cade, Cadier

Genévrier commun

Juniperus communis var. communis
Genévrier commun érigé

Genévrier de Virginie

Juniperus virginiana
"Cèdre" de Virginie (faux nom)

Genévrier des montagnes

Juniperus alpina, J. communis montana, J. montana ou J. nana
Genévrier alpin

Genévrier du Mexique

Juniperus mexicana
"Cèdre" du Texas (faux nom)

Genévrier Sabine

Juniperus sabina ou Sabina cucumina
Sabine

Les Thuyas

Hiba

Thujopsis dolabrata

Thuya d'Orient

Thuja orientalis, Platycodus orientalis
Thuya de Chine

Thuya géant de Californie

Thuja plicata
Thuya géant, Thuya de Lobb, "Cèdre" rouge de l'ouest

Thuya occidental

Thuja occidentalis, Arbor vitae
Thuya du Canada, "Cèdre" blanc

Les Ravensares et consorts : Agatophylle et Camphrier

Document complet et explications sur www.aromarc.com

Historiquement, deux plantes ont été confondues. À tel point que l'on croit généralement avoir affaire à trois plantes différentes.

Certains ouvrages anciens ont été écrits avec des erreurs. Ils ont hélas été considérés comme faisant référence. Les auteurs ont corrigé dans leurs livres récents, mais les livres anciens ont été réédités sans modifications. Et maintenant, la plupart des auteurs modernes (autant de livres que de sites internet) reprennent sans réfléchir et sans recherches les données de ces anciens livres. Dommage et inacceptable !

Nous sommes donc face à deux plantes : l'Agatophylle aromatique et le Camphrier.

L'Agatophylle aromatique

Il était autrefois nommé Ravensare aromatique. On en distille soit l'écorce soit les feuilles. On donnait à la distillation de l'écorce le nom de Ravensare anisé et à la distillation des feuilles le nom de Ravensare aromatique. La confusion est allée jusqu'à donner des noms latins séparés : Ravensara anisata pour la distillation de l'écorce et Ravensara aromatica pour la distillation des feuilles. Il s'agit pourtant d'un seul et même arbre.

Les botanistes ont renommé cette plante, ce qui simplifie la nomenclature et évitera à l'avenir les confusions. Il est donc devenu Agatophyllum aromatica en latin et Agatophylle aromatique en français. On y ajoute les suffixes « cortex » pour signifier l'utilisation de l'écorce et « foliae » pour signifier l'utilisation des feuilles.

Le Camphrier

Poussant à de nombreux endroits sur la planète, il donne des huiles essentielles dont les chémotypes sont très différents d'un lieu à l'autre. Au Madagascar, la distillation de ses feuilles donne une huile essentielle riche en 1,8-cinéole.

Comme ce chémotype est particulier, des revendeurs ont à l'époque décidé de lui donner un nom exotique, un nom utilisé au Madagascar pour le définir. Il a donc pris le nom de Ravintsare en français. Il s'agit pourtant bel et bien du Camphrier. Son chémotype, la partie de la plante et l'origine doivent être notées clairement car cette plante a des chémotypes très différents. Il convient donc de le nommer avec son nom complet : Camphrier à cinéole feuilles provenance Madagascar. Il est important et urgent d'arrêter de le nommer Ravintsare car ce nom est à l'origine de nombre de confusions.

Histoire

Historiquement, il est intéressant de comprendre pourquoi ces noms si proches et confusifs ont été donnés. Au Madagascar, « Tsara » veut dire « bon » ou « bonne » et « Raven » veut dire « feuilles ». Il y a énormément d'arbres, arbustes et autres plantes qui en portent le nom ou la qualification. À l'origine, l'erreur vient tout simplement de là.

Le but de cet ouvrage n'est pas d'entrer dans des polémiques sur les effets secondaires possibles de ces trois huiles essentielles différentes. Il convient juste de garder à l'esprit que les tests effectués pour les ouvrages qui ont historiquement fait référence (et que tout le monde recopie aveuglément alors que même leurs auteurs ont corrigé dans leurs nouveaux ouvrages) ont été faits avec les fausses plantes. L'expérience moderne avec des lots vérifiés et nomenclaturés justes prévaut donc aux propriétés édictées par l'establishment.

<u>Nota écologique</u>

La distillation de l'écorce de l'Agatophylle implique la mort de l'arbre. Celui-ci est protégé car il a été surexploité. Cette distillation a été interdite d'exportation par l'état du Madagascar. Décision courageuse et positive qu'il est à nous tous de respecter. N'en prescrivons plus et n'en utilisons plus pendant une génération au moins.

<u>Propriétés antivirales du "Ravensare aromatique" et du "Ravintsare"</u>

Nous traiterons ici seulement des propriétés antivirales de ces deux huiles essentielles. Ni de leurs propriétés mucolytiques, expectorantes, ni de propriétés antidépressives ou même immunostimulantes.

Comme nous venons de le voir plus haut, l'ouvrage qui a fait référence pour l'aromathérapie francophone est faux à ce niveau. Tout le monde recopie aveuglément ce qu'il contient. Ses propres auteurs ont tenu compte de ceci dans leurs nouveaux ouvrages. Mais ils n'ont pas corrigé le livre de base pour des raisons éditoriales qu'il n'y a pas lieu de commenter ou de juger ici. De plus, les auteurs francophones restent en général reclus à la francophonie et peu d'auteurs intègrent quoi que ce soit du reste du monde dans leurs écrits.

Donc, de façon étrange et contre-nature, les voix s'élèvent actuellement non pas pour corriger, mais pour défendre les erreurs. Je pense que la francophonie est probablement une des seules cultures où une attitude aussi inacceptable est possible. Elle est contre-scientifique, contre-productive et dangereuse. Heureusement, dans ce cas-ci, elle n'a que rarement un impact vital sur nos patients. Et encore.

J'ai du me fâcher avec quelques thérapeutes et pharmaciens qui voulaient remplacer l'Agatophylle aromatique feuilles que je prescrivais par du "Ravintsare" dans des affections virales potentiellement mortelles comme des hépatites virales etc. Cela pourrait entraîner la non-guérison du patient et donc potentiellement contribuer à son décès. Nous comprendrons pourquoi dns quelques lignes.

Les confusions thérapeutiques concernent les huiles essentielles des feuilles des deux arbres (les deux huiles essentielles anciennement appelées Ravensare et Ravintsare). Des raisons de mauvaise foi scientifique, de non-connaissance profonde des tenants et aboutissants et des raisons commerciales s'additionnent.

Les deux sont antivirales, mais pas de la même manière. Thérapeutiquement, il convient donc de faire une différence entre les deux.

<u>Le "Ravensare aromatique" - Agatophylle aromatique feuilles</u>

Il est antiviral systémique. Ce qui signifie qu'il fonctionne très bien dans le corps entier.

Il est donc à même de lutter contre des virus logés dans des organes comme le foie lors d'une hépatite ou dans des ganglions nerveux comme lors de zona ou d'herpès. Il est utile à prescrire dans presque toute infection virale systémique ou organique particulière.

Il est très bien toléré tant au niveau cutané que par voie interne buccale, rectale ou vaginale.

Le "Ravintsare" - Camphrier à cinéole feuilles, provenance Madagascar

Il est antiviral ORL. Ce qui signifie qu'il fonctionne spécifiquement dans le système ORL. Il marche aussi ailleurs, mais nettement moins bien. Il est donc peu indiqué pour les maladies virales non-ORL telles que des hépatites virales, des encéphalites virales ou des herpès et zonas.

De temps en temps, un résultat correct voire bon avec un patient sur un herpès entretient la confusion. Ce n'est pas une raison de prescrire le "Ravintsare" au lieu du "Ravensare aromatique".

La tolérence faible de l'endothélium gastrique à son égard (du à sa forte teneur en 1,8-cinéole) rend sa prescription par voie interne assez rarement convaincante. Son application cutanée donne en général de très bons résultats sans nausées, douleurs gastriques ou aigreurs gastriques.

Association thérapeutique des deux

Lors de grippes ORL par exemple, l'association des deux est souvent gagnante. En effet ils agissent différemment. Les virus sont d'ailleurs tapis non seulement dans la sphère ORL, mais également dans le tissu musculaire qui s'enflamme et s'endolorit par cette attaque. Les propriétés mucolytiques et expectorantes du Ravintsare sont d'un bon apport dans cette affection.

Comment s'aperçoit-on de la différence de tropisme?

C'est presque fortuitement que j'ai pu personnellement confirmer mes soupçons liés à mon expérience avec mes patients.

Une entreprise frauduleuse que je ne nommerai pas, qui vend des huiles essentielles dans une grande partie du monde (et qui le fait avec grande négligence dans la Suisse francophone en tous les cas) ne parvenait plus à s'approvisionner au coût auquel elle le désirait pour avoir une marge financière confortable. Du coup, elle a remplacé le "Ravensare aromatique" par du "Ravintsare". Tout en laissant le nom français et le nom latin sur la fiole. Au niveau honnêteté, on fait mieux.

Du jour au lendemain, les herpès de mes patients et de certains de mes collègues résistèrent. Quelques médecins et naturopathes furent donc laissés avec des prescriptions inefficaces alors qu'elles fonctionnaient très peu de temps auparavant.

En effet le "Ravintsare" n'a pas du tout la même efficacité antivirale que le "Ravensare aromatique" en dehors du système ORL.

Il a été difficile de rétablir les choses car les pharmaciens avaient tous la fausse plante dans la bonne fiole. Mais plusieurs se sont aperçus qu'il y avait effectivement eu un changement olfactif total récent. Tout est rentré dans l'ordre quand les patients ont pu recevoir la bonne plante. Mais il faut régulièrement que j'explique la différence entre les plantes aux pharmaciens et que je rajoute des notes à cet effet sur mes prescriptions.

Voilà une bien affreuse histoire d'intérêts financiers comme il y en a dans tous les domaines, y compris la médecine classique et la médecine naturelle. Je vous l'ai contée alors que l'on est presque hors sujet parce que je pense qu'au contraire, cette histoire est très pertinente. Et de plus, elle montre l'intérêt de livres de référence issus d'enquête et de vérification comme celui-ci.

La nomenclature moderne et corrigée

Latin	Français
Agatophyllum aromatica cortex	**Agatophylle aromatique écorce** Ravensare aromatique (vrai) écorce Havozo écorce
Agatophyllum aromatica foliae	**Agatophylle aromatique feuilles** Ravensare aromatique (vrai) feuilles Havozo feuilles
Cinnamomum camphora foliae CT 1,8-cineole provenance Madagascar	**Camphrier à cinéole feuilles, provenance Madagascar** Ravintsare
Ravensara anisata	**Agatophylle aromatique écorce** Ravensare aromatique (vrai) écorce Havozo écorce
Ravensara aromatica	**Agatophylle aromatique feuilles** Ravensare aromatique (vrai) feuilles Havozo feuilles

Français	Latin
Agatophylle aromatique écorce	**Agatophyllum aromatica cortex** Ravensara anisata Ravensara aromatica cortex
Agatophylle aromatique feuilles	**Agatophyllum aromatica foliae** Ravensara aromatica foliae
Camphrier à cinéole feuilles, provenance Madagascar	**Cinnamomum camphora foliae CT 1,8-cineole provenance Madagascar**
Havozo écorce	**Agatophyllum aromatica cortex** Ravensara anisata Ravensara aromatica cortex
Havozo feuilles	**Agatophyllum aromatica foliae** Ravensara aromatica foliae
Ravensare aromatique (vrai) écorce	**Agatophyllum aromatica cortex** Ravensara anisata Ravensara aromatica cortex
Ravensare aromatique (vrai) feuilles	**Agatophyllum aromatica foliae** Ravensara aromatica foliae
Ravintsare	**Cinnamomum camphora foliae CT 1,8-cineole provenance Madagascar**

Agatophylle aromatique écorce			
Nom latin moderne	Agatophyllum aromatica cortex		
Nom latin ancien	Ravensara aromatica cortex		
Noms français synonymes (anciens)	Ravensare aromatique (vrai) écorce Havozo écorce		
Test organoleptique (odeur)	Odeur nettement anisée (pastis), elle a aussi quelque chose de l'Estragon.		
Chimie	Monoterpènes	Sabinène	~ 0%
		Limonène	0,1-0,2%
		Autres	traces
	Sesquiterpènes	Beta-caryophyllène	~ 0%
		Germacrène D	~ 0%
		Iso-lédène	~ 0%
	Phénol-méthyl-éthers	**Méthyl-chavicol (= Estragol)**	**90-95%**
	Oxydes	1,8-cinéole	~ 0%

Agatophylle aromatique feuilles			
Nom latin moderne	Agatophyllum aromatica foliae		
Nom latin ancien	Ravensara aromatica foliae		
Noms français synonymes (anciens)	Ravensare aromatique (vrai) feuilles Havozo feuilles		
Test organoleptique (odeur)	Odeur propre à lui, légèrement citronnée avec quelque chose de l'Estragon, de l'Anis et du Réglisse. N'a pas une odeur d'anis prédominante et sa senteur est très peu camphrée.		
Chimie	Monoterpènes	**Sabinène**	**10-18%**
		Limonène	**13-23%**
		Autres	**< 25%**
	Sesquiterpènes	Beta-caryophyllène	3,5-17%
		Germacrène D	5-21%
		Iso-lédène	1-15%
	Phénol-méthyl-éthers	Méthyl-chavicol (= Estragol)	2-12%
	Oxydes	1,8-cinéole	0,2-3,5%

Camphrier à cinéole feuilles provenance Madagascar			
Nom latin moderne	Cinnamomum camphora foliae CT 1,8-cineole prov Madagascar		
Nom latin ancien	Idem		
Noms français synonymes (anciens)	Ravintsare		
Test organoleptique (odeur)	Odeur très présente, très cinéolée (Eucalyptus) et camphrée.		
Chimie	Monoterpènes	Sabinène	12-15%
		Limonène	0,6-0,9%
		Autres	< 12% total
	Sesquiterpènes	Beta-caryophyllène	0,0-0,6%
		Germacrène D	~ 0%
		Iso-lédène	~ 0%
	Phénol-méthyl-éthers	Méthyl-chavicol (= Estragol)	~ 0%
	Oxydes	**1,8-cinéole**	**53-68%**

Les Thyms

Nom français correct		Noms(s) latin(s)	Autres noms français employés
Thym à feuilles de sarriette à bornéol		Thymus satureioides borneoliferum	Thym satuéioïde à bornéol, T blanc à bornéol (nom confusif) T à bornéol (nom insuffisant)
Thym à feuilles de sarriette à carvacrol		Thymus satureioides carvacroliferum	T saturéioïde à carvacrol, T blanc à carvacrol (blanc : nom confusif avec T serpolet)
Thym citronné		Thymus x citriodorus = T pulegoides x T vulgaris =T vulgaris limonen (faux nom)	T citron
Thym sauvage d'Espagne à cinéole		Thymus mastichina cineoliferum Majorana sylvestris Lazaro (faux nom)	T à senteur de lavande à cinéole, T sauvage (confusif) Marjolaine sylvestre à cinéole (faux nom)
Thym sauvage d'Espagne à linalol		Thymus mastichina linaloliferum Majorana sylvestris Lazaro (faux nom)	T à senteur de lavande à linalol Marjolaine sylvestre à linalol (faux nom)
Thym serpolet		Thymus serpyllum Confusion incertaine avec T praecox	Serpolet, T des champs, Serpoule, T bâtard, Poulliet, Pillolet, T des montagnes, T sauvage (nom confusif avec T praecox et T mastichina), T blanc (nom confusif avec T à fe de sarriette et qui sert aussi à désigner une 2e distillation, donc une HE rectifiée), Thé des bergères
Thym vulgaire, tous chémotypes	Thymus vulgaris spp	Thym maraîcher, Farigoule (insuffisant). Il est nécessaire de toujours mentionner le mot "vulgaire", "maraîcher" ou "commun" car des chémotypes semblables se retrouvent chez différentes espèces.	
Thym vulgaire à carvacrol		Thymus vulgaris carvacroliferum	T rouge (nom confusif)
Thym vulgaire à géraniol		Thymus vulgaris geranioliferum	T doux à géraniol (mot "doux" partagé)
Thym vulgaire à linalol		Thymus vulgaris linaloliferum	T doux à linalol (mot "doux" partagé)
Thym vulgaire à paracymène		Thymus vulgaris paracymeniferum	T doux à paracymène (mot "doux" partagé)
Thym vulgaire à thujanol-4		Thymus vulgaris thujanoliferum	T doux à thujanol-4 (mot "doux" partagé)
Thym vulgaire à thymol		Thymus vulgaris thymoliferum	T fort (nom insuffisant) T rouge (nom confusif)
Thym zygis		Thymus zygis	T d'Espagne (nom confusif) T rouge (nom confusif)
Thym de Crète		Corydothymus capitatum = Thymus capitatus = Thymus capitans = Thymbra capitata = Satureja capitata (nom illégitime)	Origan d'Espagne, O sauvage (nom confusif), T de Candie, T De Dioscoride, T zaatar, Zatar (nom arabe), T à très grandes fleurs

En HE, on peut trouver encore Thymus baeticus (Thym de la Bétique, rare), Thymus hirtus (Thym hérissé) et Thymus herba-barona (Thym carvi, T à senteur de carvi, Herbe à barons, T de Corse, Erba barona ou Timu en Corse) qui pourrait bien faire parler de lui bientôt.

Thyms, limitations d'utilisation

<u>En règle générale</u>
- s'il faut en "mettre un grand coup" lors d'une grosse infection, choisir un Thym avec des phénols et une dose suffisante
- pour tout sujet sensible, choisir un chémotype "facile" (les deux premiers)

Les "faciles"
Chémotypes à linalol, à géraniol, à paracymène et à thujanol-4
Thym vulgaire à linalol, T v à paracymène, T v à thujanol-4, Thym sauvage d'Espagne à linalol
Aucune autre contre-indication connue aux dosages physiologiques.

Chémotype à géraniol
Thym vulgaire à géraniol
Utérotonique : pas chez les femmes enceintes.

Les "assez faciles"
Chémotypes à cinéole
Thym sauvage d'Espagne à cinéole
Pas en inhalation très concentrée (peut augmenter le resserrement bronchique : 1,8-cinéole).

Chémotypes à thymol
Thym vulgaire à thymol, Thym à feuilles de sarriette à bornéol (+ voir carvacrol), Thym hérissé (+ voir cétones)
Pas aux femmes enceintes, aux enfants en bas âge ni en cas d'hypertension artérielle sévère. Contre-indiqué en cas d'affection hépatique aiguë.

Les plus "techniques"
Chémotypes à carvacrol
Thym à feuilles de sarriette à carvacrol, Thym à feuilles de sarriette à bornéol, Thym vulgaire à carvacrol, Thym serpolet (+ voir cétones et phénols), "Thym" de Crète
Pas aux femmes enceintes, aux enfants en bas âge ni en cas d'hypertension artérielle sévère. Contre-indication totale en cas d'affection hépatique. Jamais sur un usage continu de plus de trois mois. Dermocaustique +++ : diluer à 2% maximum.

Chémotypes avec des cétones
Thym citronné, Thym hérissé (+ voir thymol) (+Thym serpolet)
Pas aux femmes enceintes, aux enfants en bas âge ou aux épileptiques ni jamais pendant plus de 3 semaines de prise continue.
Le Thym citronné contient jusqu'à 5% de verbénone et 10% de camphre.
Le Thym hérissé contient du fenchone.

Cétones et phénols
Thym serpolet
Pas aux femmes enceintes, aux enfants en bas âge ou aux épileptiques ni jamais pendant plus de 3 semaines de prise continue.
Pas en cas d'hypertension artérielle sévère.
Contre-indiqué en cas d'affection hépatique aiguë.
Dermocaustique +++ : diluer à 2% maximum.
Il contient jusqu'à 8% d'alpha-thujone en plus de ses 5% de camphre.
Il contient également un grand pourcentage de carvacrol, thymol et méthoxy-carvacrol.

Bibliographie

eFloras (www.efloras.org)
Tela botanica (www.tela-botanica.org)
Grin taxonomy (http://www.ars-grin.gov)
MMPND (www.plantnames.unimelb.edu.au)
Wikipedia (www.wikipedia.org)
TianKi (www.TianKi.com)
Kew garden's (www.kew.org)
Toil'd'épices (www.toildepices.com)
Biolib (Kurt Stüber's online library) (www.biolib.de)
Biolib (international encyclopedia of plants, fungi and animals) (www.biolib.cz)
Gernot Katzer's spice pages (université de Graz, Autriche) (www.uni-graz.au)
« Flora helvetica », Konrad Lauber, Gerhart Wagner, Andreas Gygax, éditions Haupt Verlag
« Botanica, encyclopédie de botanique et d'horticulture », collectif d'auteurs, direction : Gordon Cheers, Susan Page, Margaret Olds, édition Place des vitoires
« Botanique systématique des plantes à fleurs », Rodolphe-Edouard Spichiger, Vincent V. Savolainen, Murielle Figeat, Daniel Jeanmonod, édition Presses polytechniques et universitaires romandes
« Biologie végétale », Jean-Claude Laberche, édition Dunod
« Encylcopédie des arbres », Davie Dore, John White, édition Flammarion
« Encyclopédie des fleurs et des plantes de jardin », collectif d'auteurs dirigée par Rolf Röber, Ditrich Fritz, W.-D. Naumann, édition Mosaik Verlag
« Plantes médicinales du monde, réalités et croyances », Bernard Boullard, édition Estem
« Quelle est donc cette fleur ? », Dietmar Aichele, édition Nathan
« Quel est donc cet arbre », Dietmar Aichele, Heinz-Werner Schwegler, édition Nathan
« Guide de la flore du parc du Vercors », Marc Régnier, Franck Dubus, édition Glénat
« Arbres de nos forêts », Keith Rushforth, édition Octopus
« Guide des plantes médicinales », Paul Shauenberg, Ferdinand Paris, édition Delachaux et Niestlé
« Les arbres », G. Aas, A. Riedmiller, éditions Natan
« Plantes médicinales au rythme des saisons » Bruno Vonargurg, édition Silva
« Clé d'identification illustrée des plantes sauvages de nos régions » Jeanne Covillot, édition Jeanne Covillot
Nombreux ouvrages d'aromathérapie
Brochures, prospectus et sites internet de nombreux distributeurs
Contacts personnels avec de nombreux professionnels du domaine de la botanique ou de la phytothérapeutique
Visites d'innombrables jardins botaniques en Europe
… et mon nez pour discriminer les lots d'huiles essentielles

Aromathérapie Précise, éditions Guérissure (CD-rom)
> Plus de 360 huiles essentielles décrites et de très nombreuses pathologies dont le soin est décrit, astuces, schémas faciles etc. Autant pour le médecin prescripteur que pour la mère de famille.

Les formules faciles de l'Aromathérapie, éditions Gedane
> Des formules présentées pour la simplicité. Simplicité de lecture et simplicité d'applications. Dans le livre entier, presque aucune formule ne présente de contre-indication d'emploi !

Ces plantes qui soignent les sportifs, éditions Favre
> Pour le corps qui bouge (sport... ou repassage; idem). De très nombreuses pathologies dont le soin au naturel est décrit. Aussi prévention et gestion de son corps.

Et bientôt

Sécurité et contre-indications en aromathérapie
> Toutes les huiles essentielles avec toutes leurs contre-indications, toxicités et difficultés d'emploi.
> Toutes les contre-indications, toxicités et difficultés d'emploi expliquées.
> Lisible, compréhensible, clair.

Infections et huiles essentielles, un guide de choix et de prescription
> Comment être plus efficace, ne pas "faire doublon" en combattant des maladies infectieuses.
> Un grand livre détaillant les plantes de choix pour chaque type d'infection et chaque maladie infectieuse.
> Classement des plantes par effficacité pour chaque infection.
> Classement des plantes en familles (plus pointu que le classement classique par familles chimiques).

Site internet de l'auteur: Aromarc.com

> Formations
> Livres
> Documents d'aromathérapie gratuits
> Vidéos tutorielles et didactiques d'aromathérapie

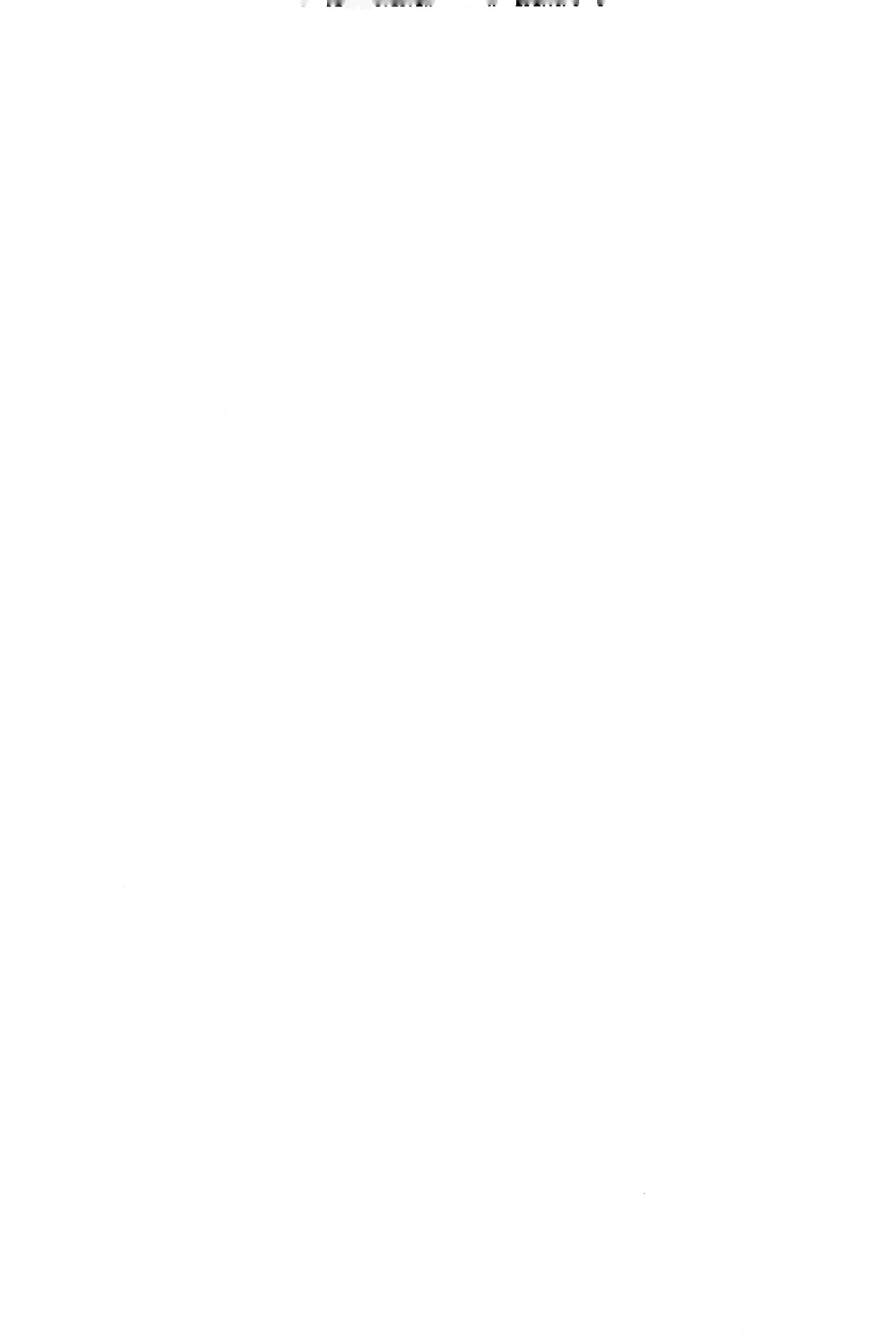